你只是爱
爱之中
一无所缺

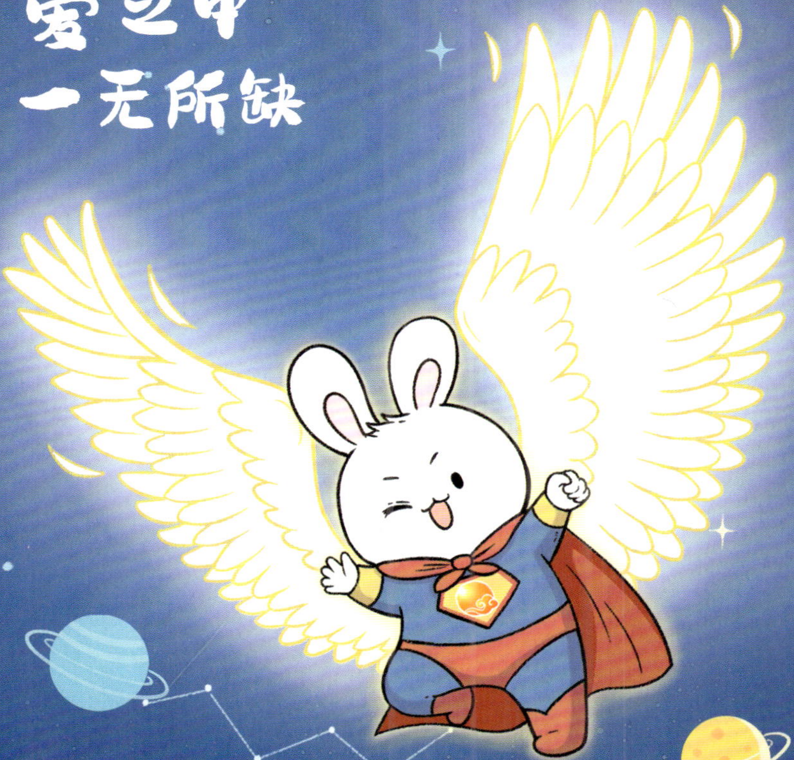

以爱的光明
来温暖你的心灵

以宽恕的温暖
来唤醒你灵魂深处的爱

目录

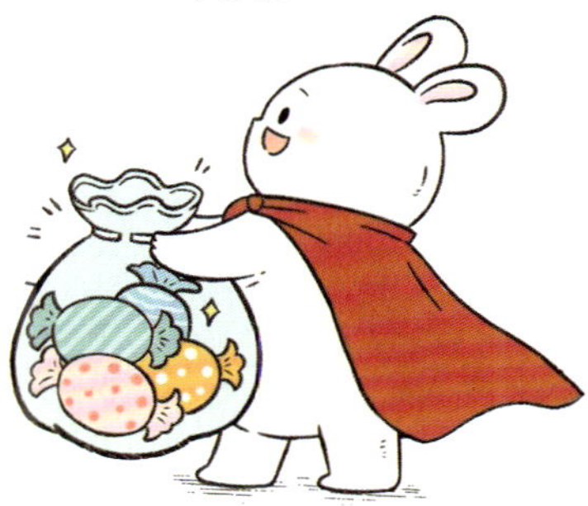

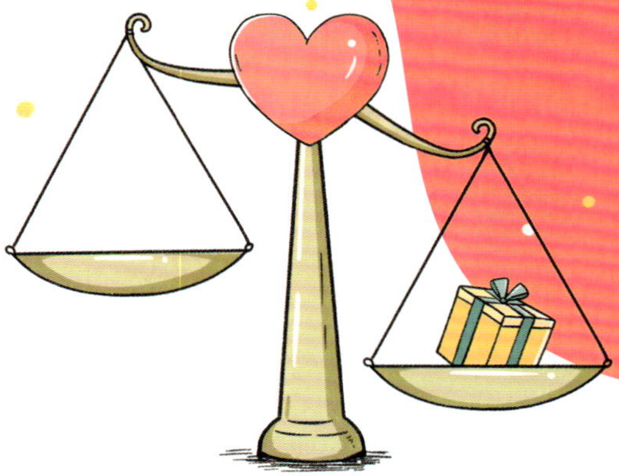

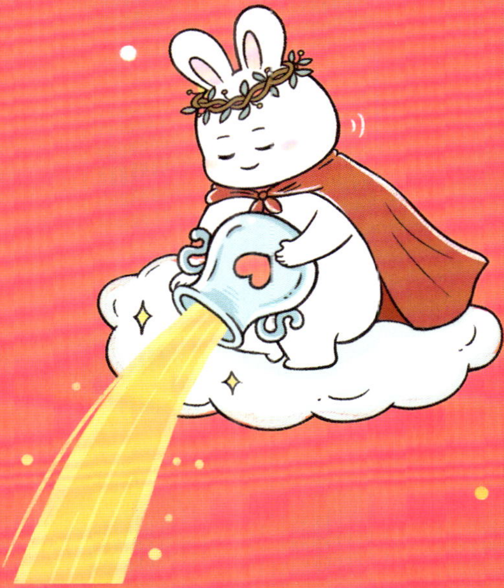

这才是真爱啊

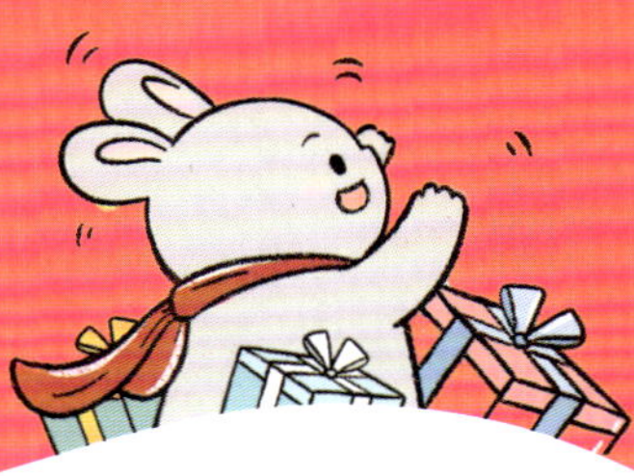

爱的性质是信任，安全，无私，付出，
快乐与安宁的分享，
是没有私心杂念的承担，是无条件的
拥抱，是发自内心温暖纯洁的接纳。

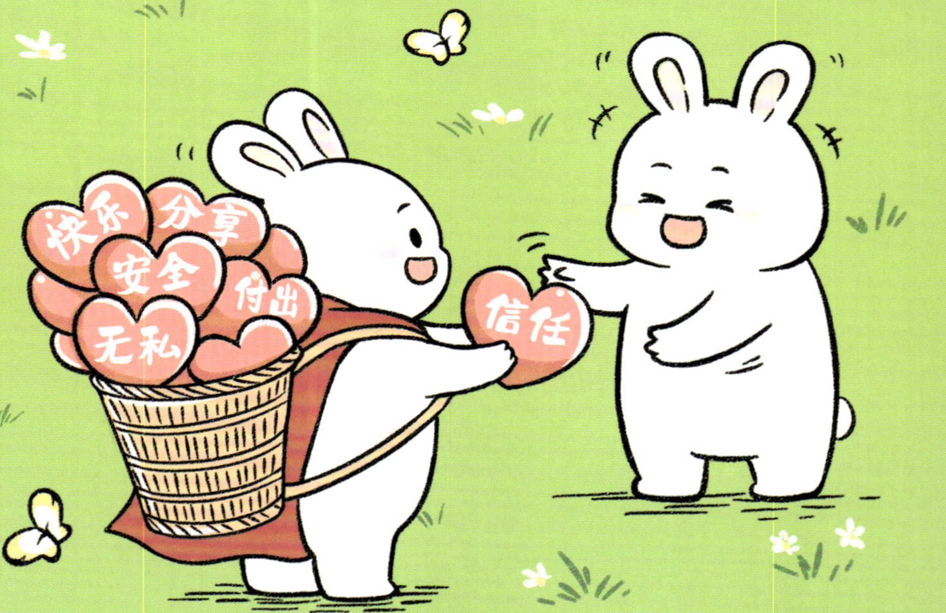

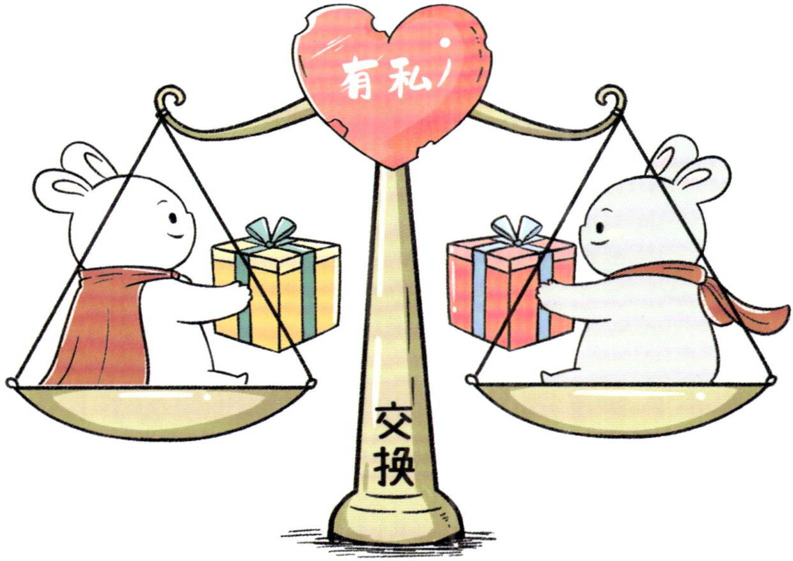

爱的核心是什么东西呢？是无私的，有私的不能称为爱，有私的那个是一种交换，情感交换。

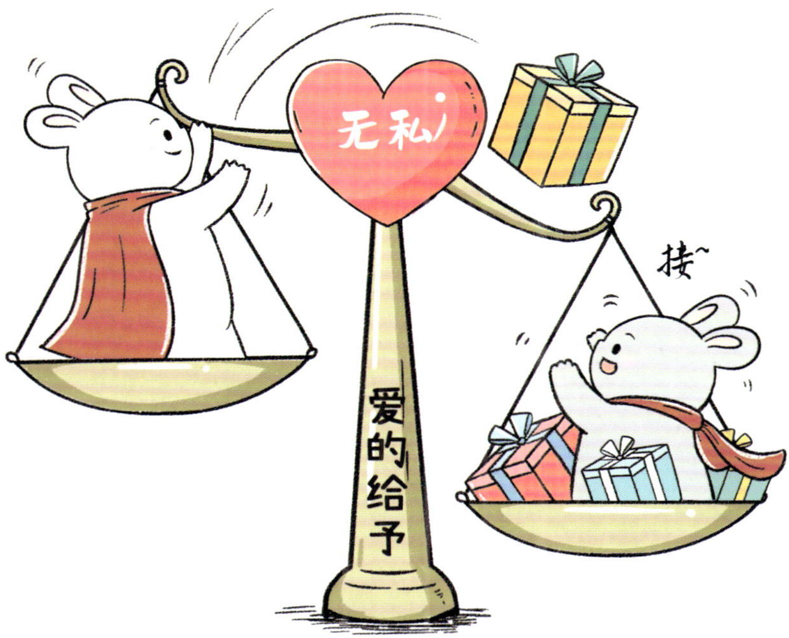

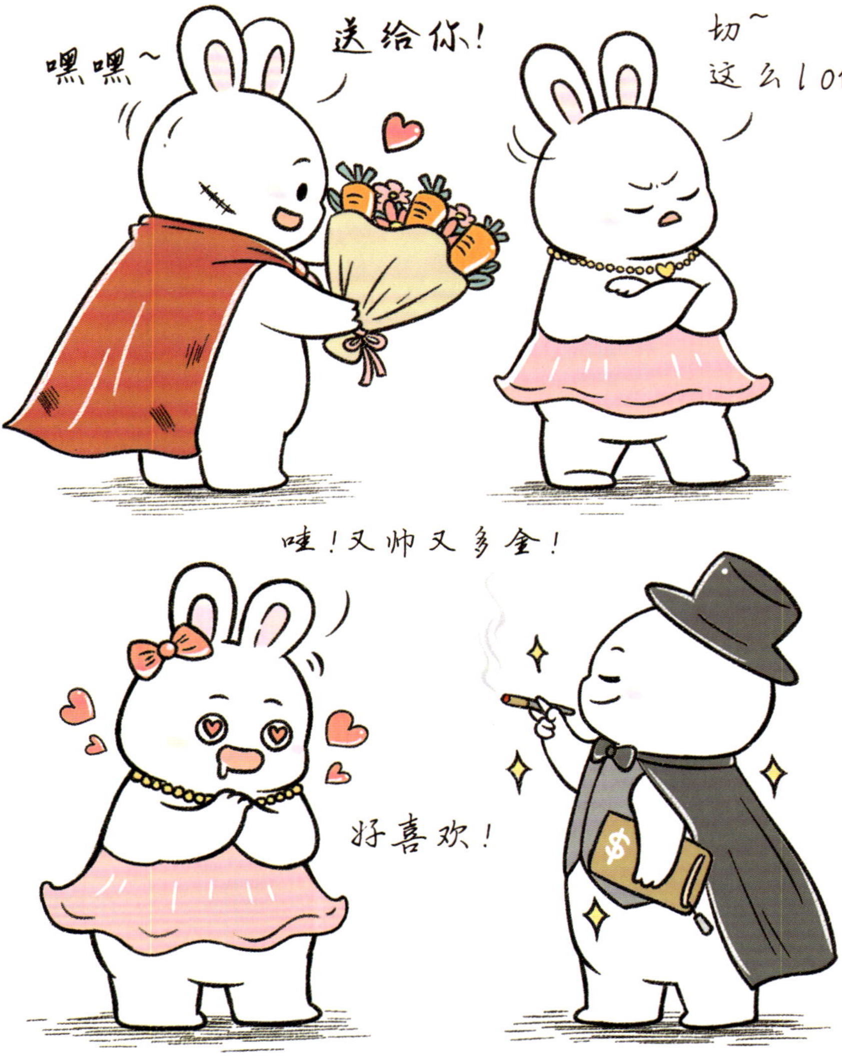

爱，并不是我爱你，你爱我，你长得丑我就不爱你了，你今天有钱了我爱你，你没钱了就滚一边去，我才不爱你呢，这个不叫爱，那个叫人心分别的执着妄想。

无论是你健康还是疾病，
无论是你是富贵还是贫穷，
无论是你是青春美貌还是年老色衰，
我内在对你的爱永远不会改变。
我内在对你的爱不会因为
你青春美貌而升起，
也不会因为你年老色衰而衰减。
因为爱，
就是我的面目。
这个叫圣爱。

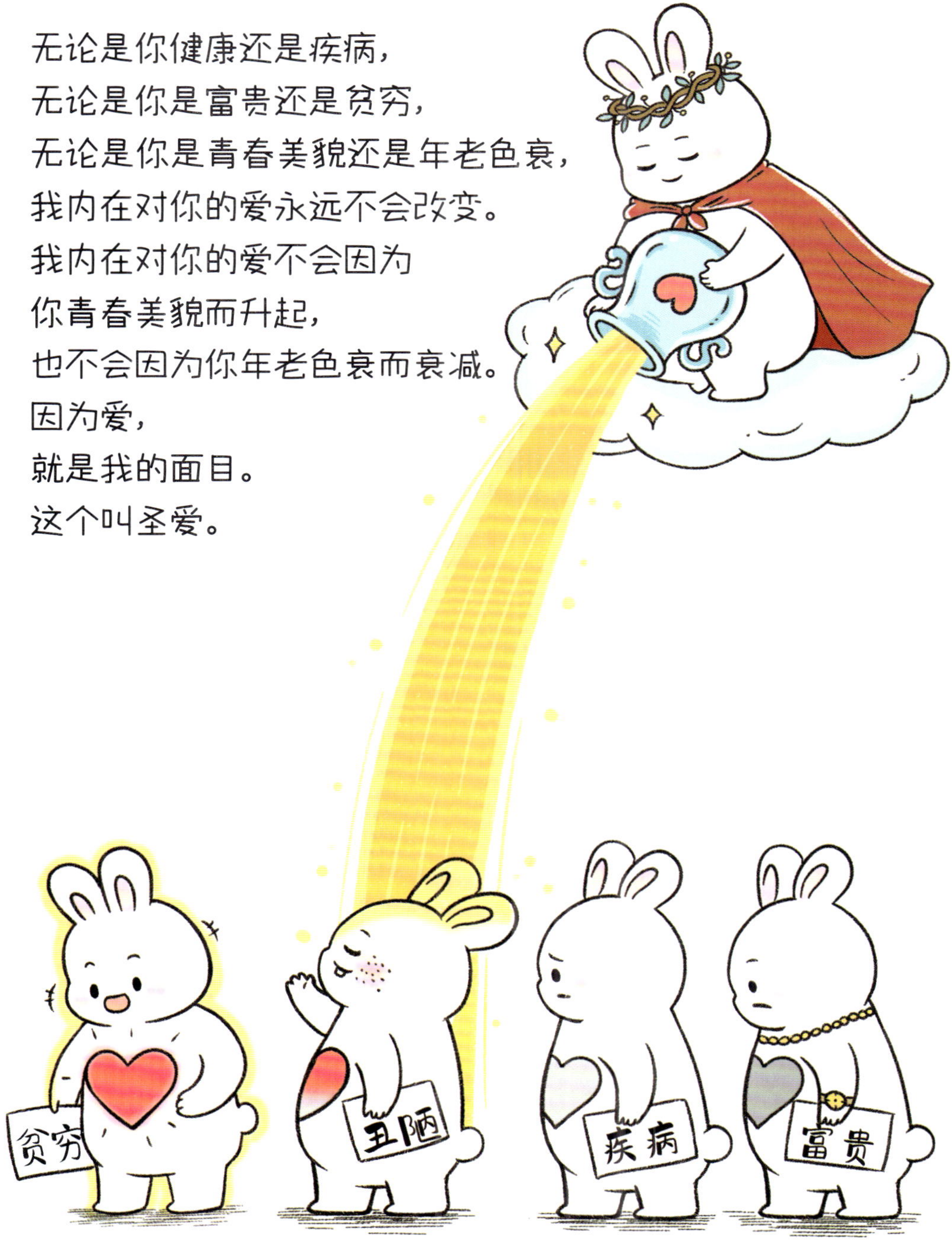

爱，他不是一种表现，爱是一种状态。那么我跟你们说一个感受啊，你们每一个人，对人生，对自我，对自我所经历的人生都是有体验的，都是有体验的记忆的。你们有没有感受过呀，就说是你去爱一个人的时候，那种心里面升起来的那种幸福甜蜜，那种轻盈的、纯洁的感受。

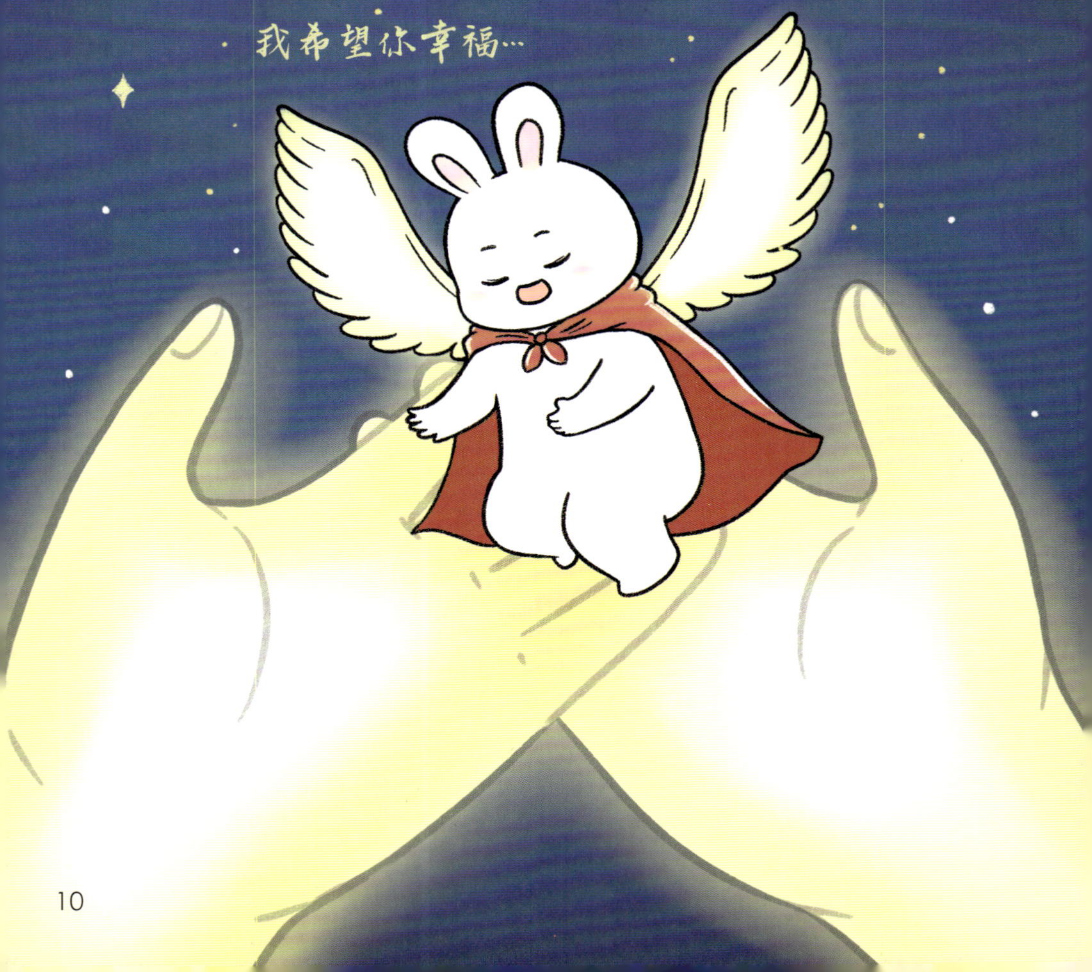

不要去理解爱，要去感受爱。

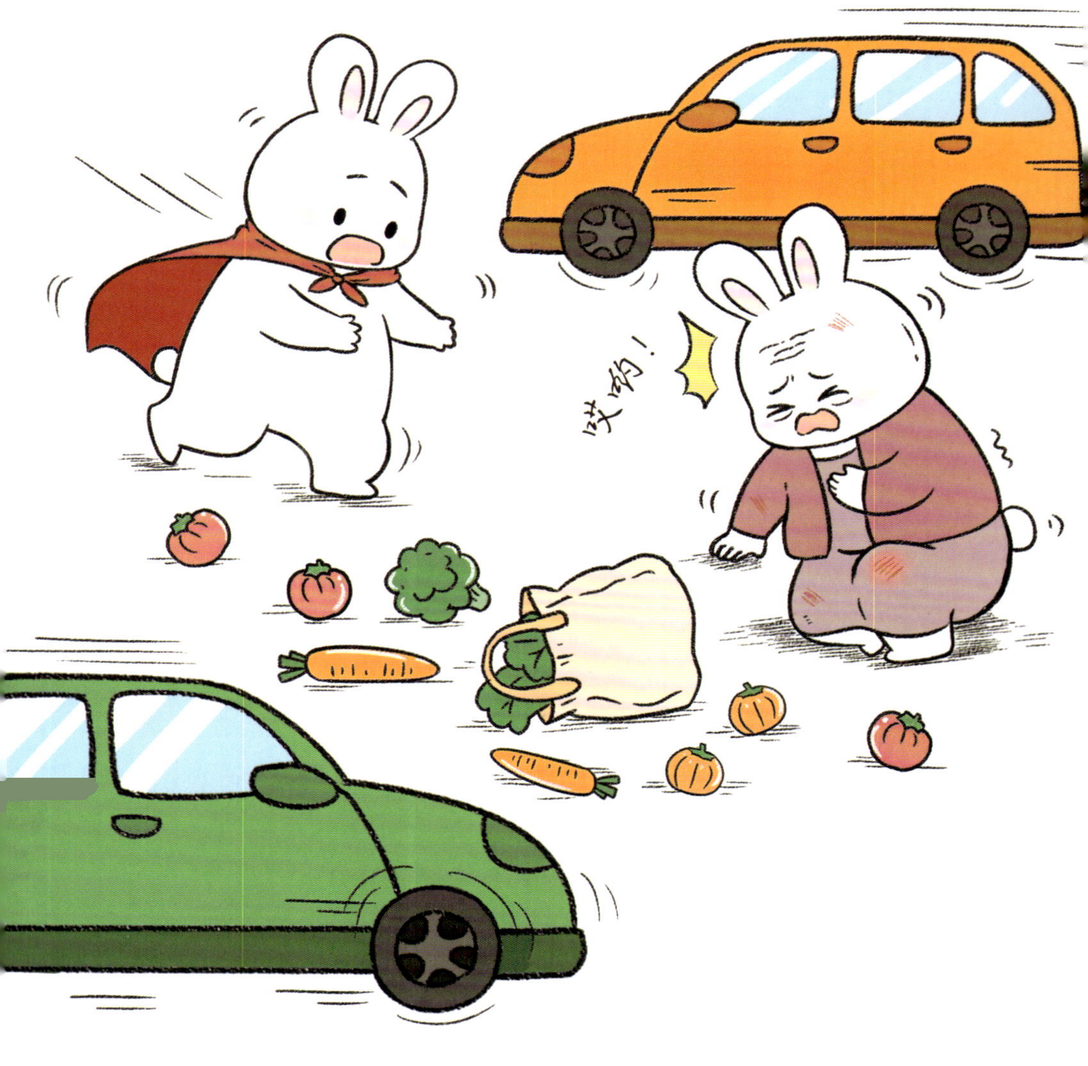

这个人你不认识，你看一个人摔倒了，然后他拿的这个蔬菜啊，滚落了一地，旁边都车水马龙，很危险。你奋不顾身地跑上去，你不顾及自己的安危，跑上去把他扶起来，并且帮他把地上的东西捡起来，帮他把衣服上的土打干净，然后把他搀扶到路边坐下。

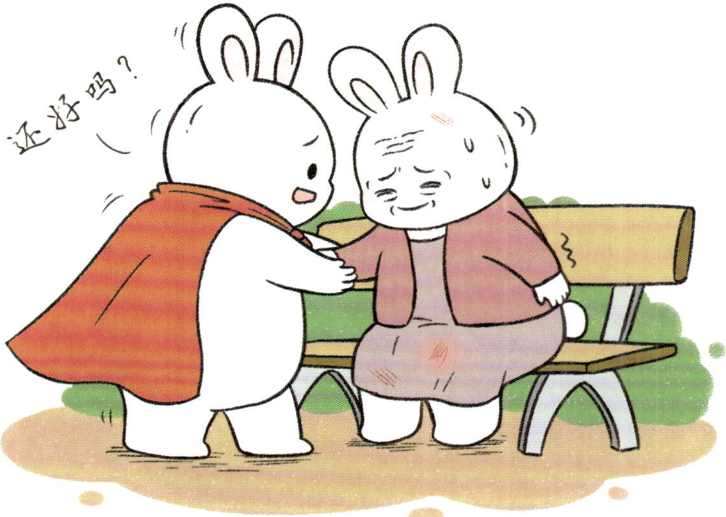

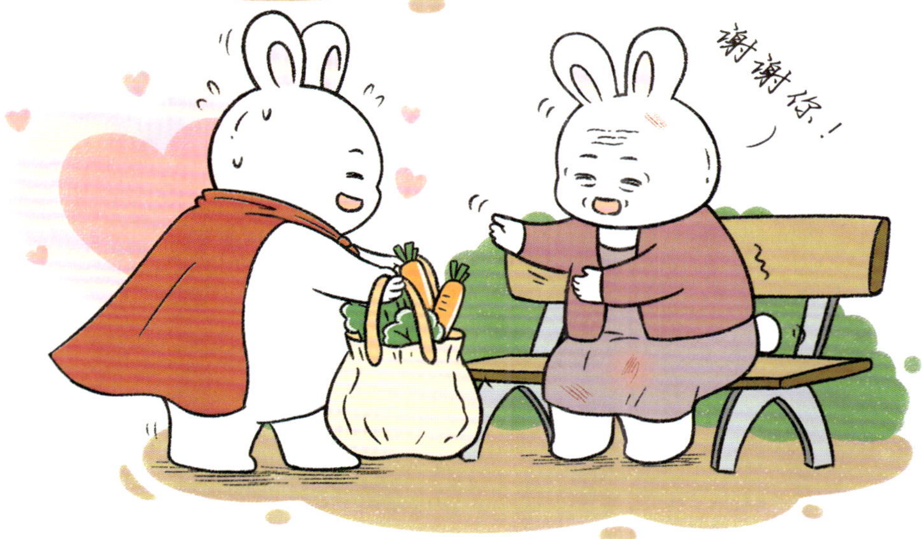

这个时候你内心里面，没有想过自己会被他讹上，自己会被车撞了，自己会不会有生命危险。你只是想一心一意地，单纯地想帮助这个人脱离困境，帮他解决危险，但是却不求任何回报，没有任何自我保护的，这种下意识、无意识的举动，这个也是爱。

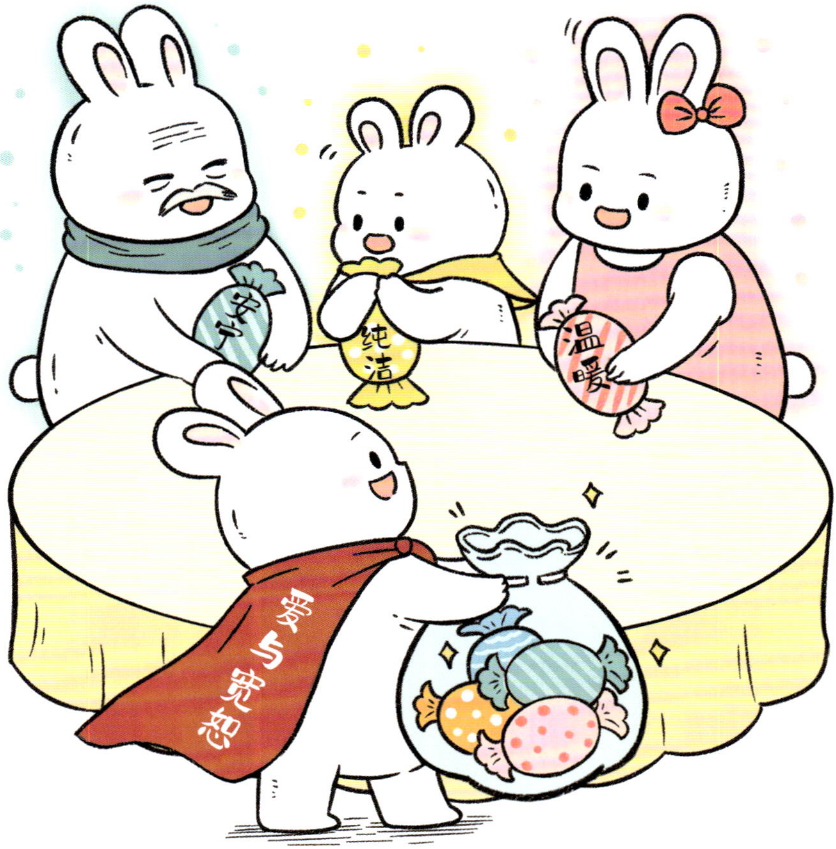

真正的圣爱是没有对相的。就像是，我是一个男人，我不会因为我见到你是女人我变成女人，我见到一个小孩我变成小孩儿了。我就是个男人，我是以男人身见你的，你是男是女，是小孩儿，是老人，跟我没关系的。爱也是一样。爱的本质，就是纯洁、安宁、温暖、轻盈；爱的体验就是无私；爱的表现呢，就是宽恕。

我是爱，

我只是爱而已，

爱是不会被改变的。

我只是宽恕，

宽恕是不会被改变的。

这只是一场梦境，梦境不必当真。

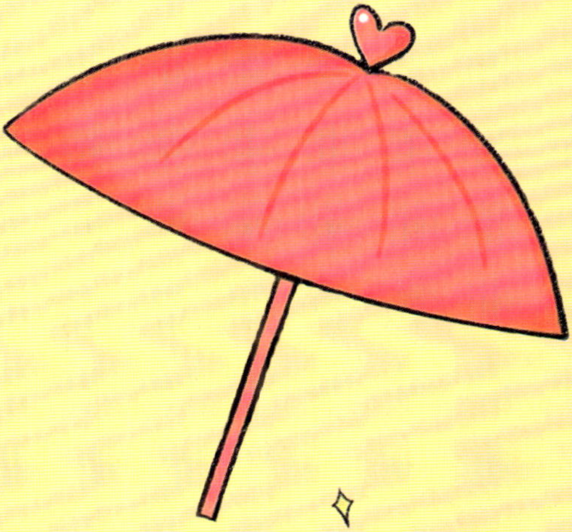

一家人要幸福啊

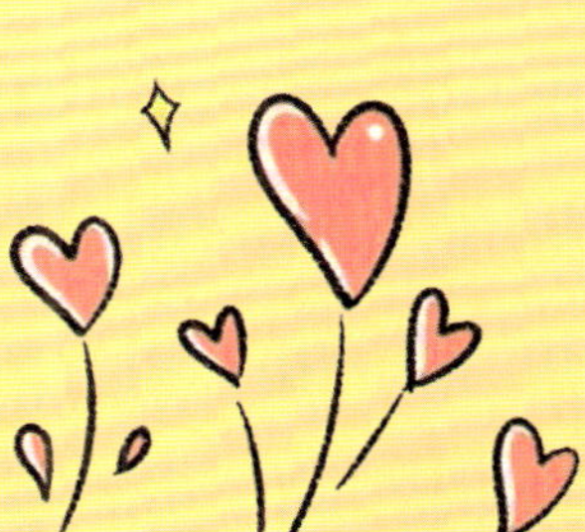

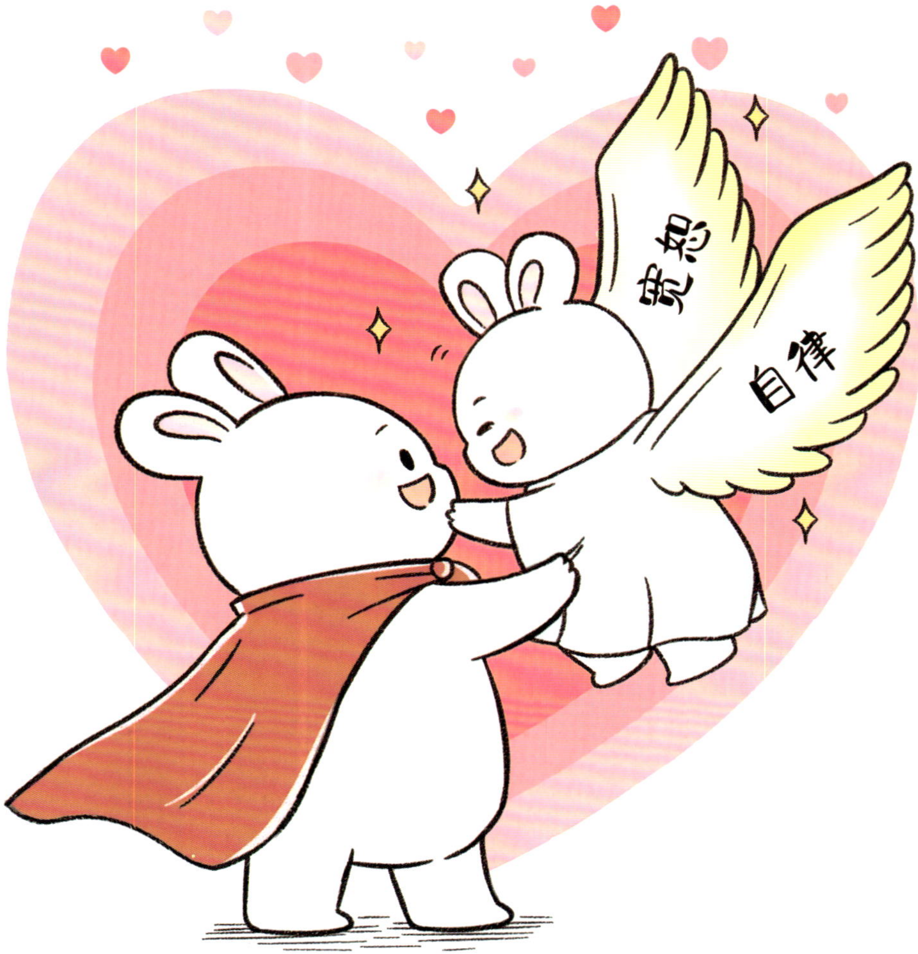

对孩子的培养，基于两个基本点。第一是自律，教会他约束自己的言行，为别人的感受考虑；第二是宽恕，能够心存善良，温暖的内心中，将培育出健康乐观积极的心态。

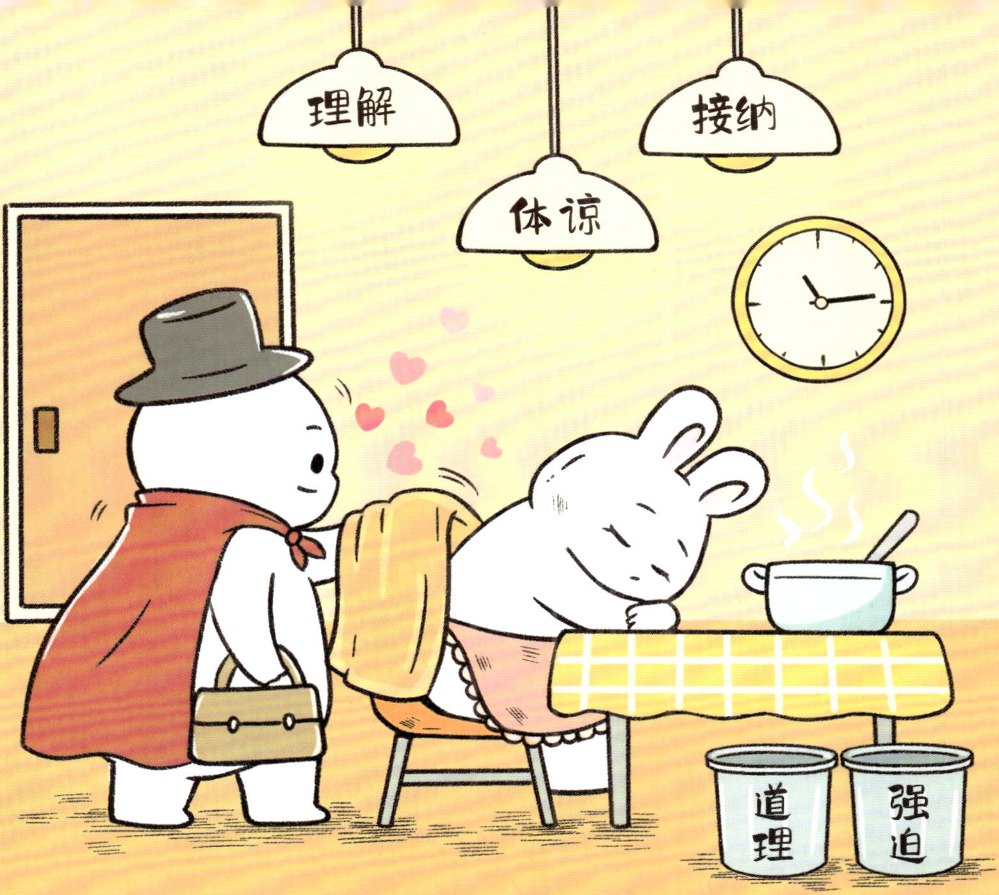

两个人是要一起走完一生的，不要强求对方接受自己的观点与喜好，也要尊重对方的观点，哪怕不赞同，但是不要去强迫别人改变，当时间磨平了爱欲的激情，荷尔蒙消退后，个人鲜明的性格与灵魂习气就会展露无遗，往后的余生，需要的更多的是理解、宽恕、接纳、体谅，以及信任的温暖，家庭不是讲道理的地方，是身心安全，休息灵魂的场所，爱人在家庭中的角色，更多的是朋友，以信任与体谅的温暖，接纳宽恕对方的缺点，对方才能在你这里，获得情感中的安慰，以及身心的放松与灵魂的愉悦。

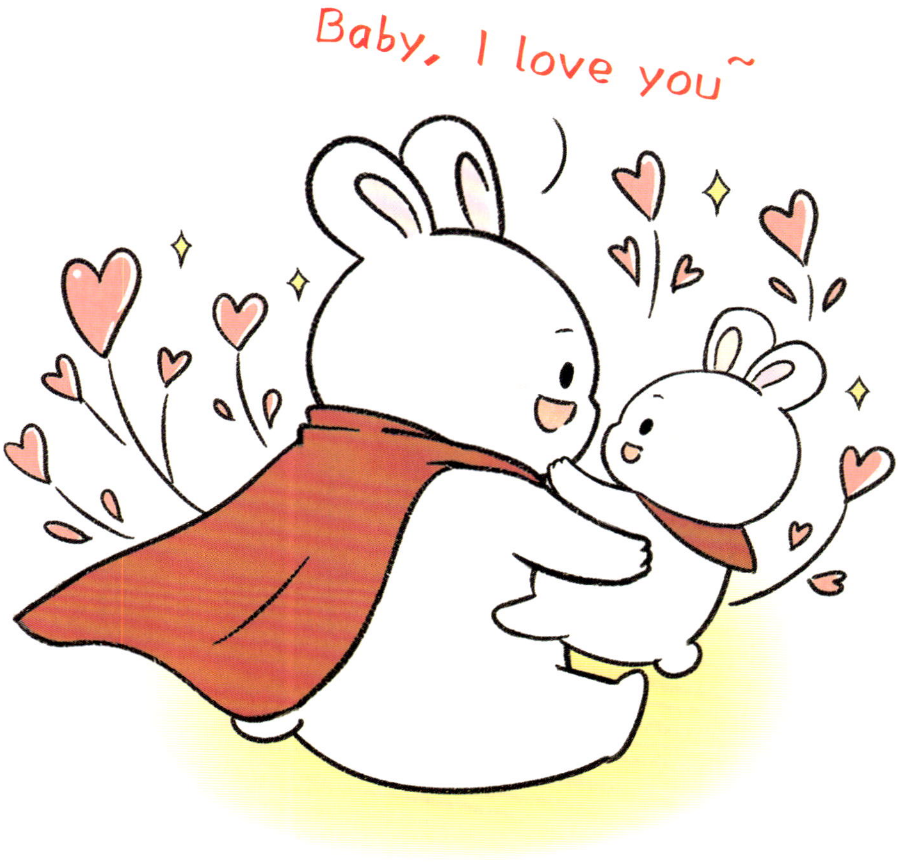

如何能让孩子能够体验到爱呢？
多承认他，多肯定他，
多说“我爱你”，多去拥抱他。

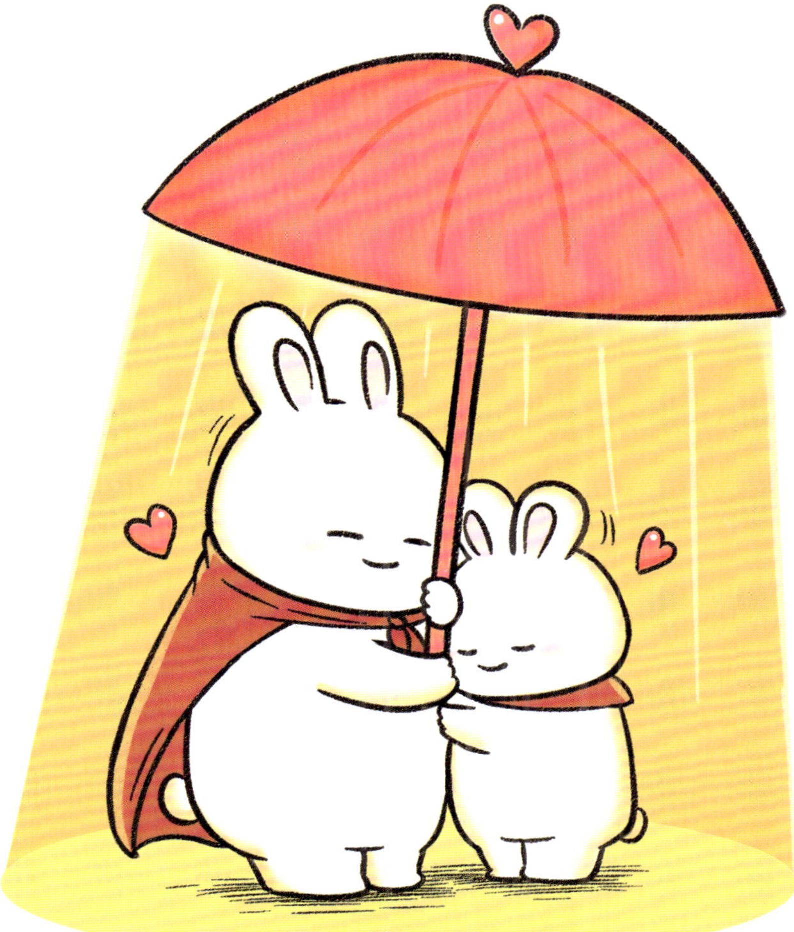

去用种种方法开启他灵魂深处，他曾经有过的，
那种对于温暖的体验，对光明的记忆。

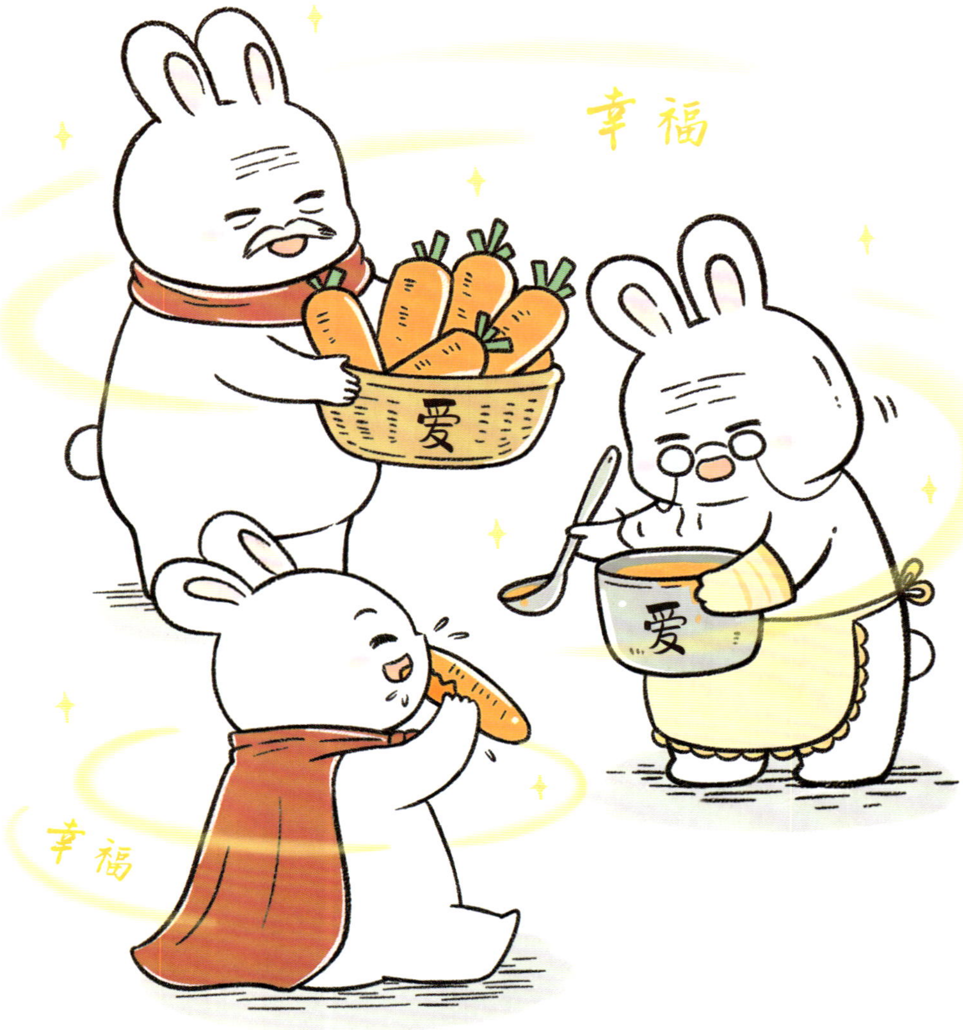

不要拒绝老人对你的爱，他们给予你的付出，
是他们索取爱的回报的一种方式，给予自己
所爱之人幸福，是赐予爱的人最大的回馈。

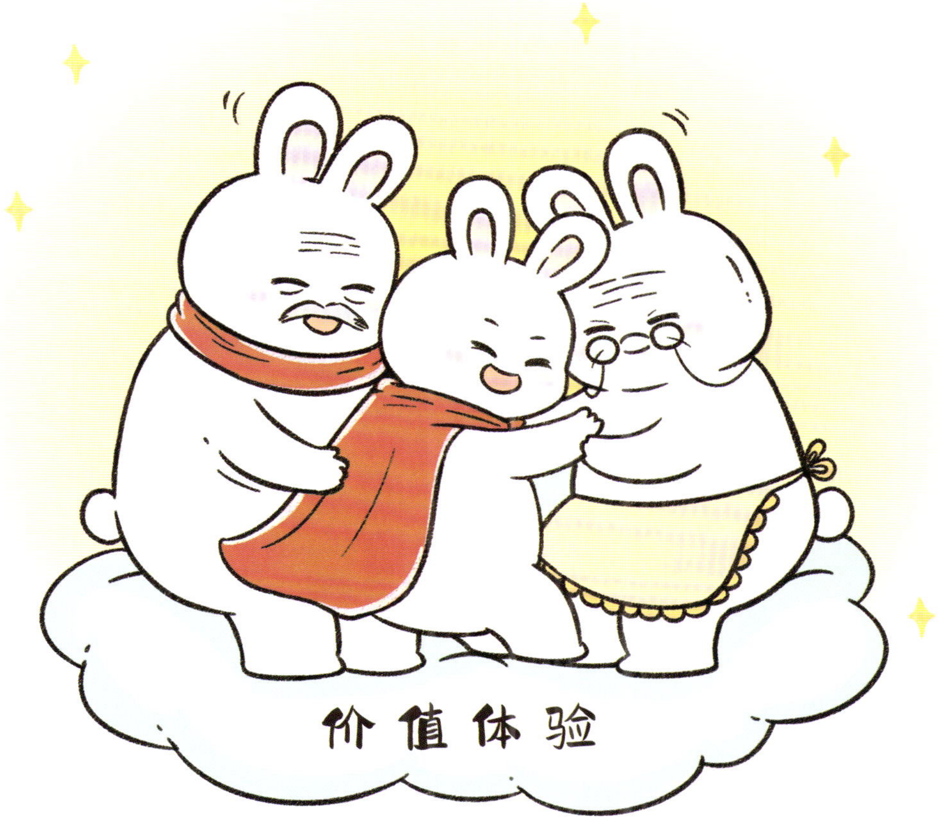

这样，父母就有了，被孩子依赖，被孩子需要的“价值体验”。

尤其是老年人，这一点心灵上的“价值体验”，对于人格人性的情感体验，极其重要！
因为被儿女需要，父母就会永远年轻。

当你去赞同对方、肯定对方、
承认对方的时候，
你的内心就会有安全感。

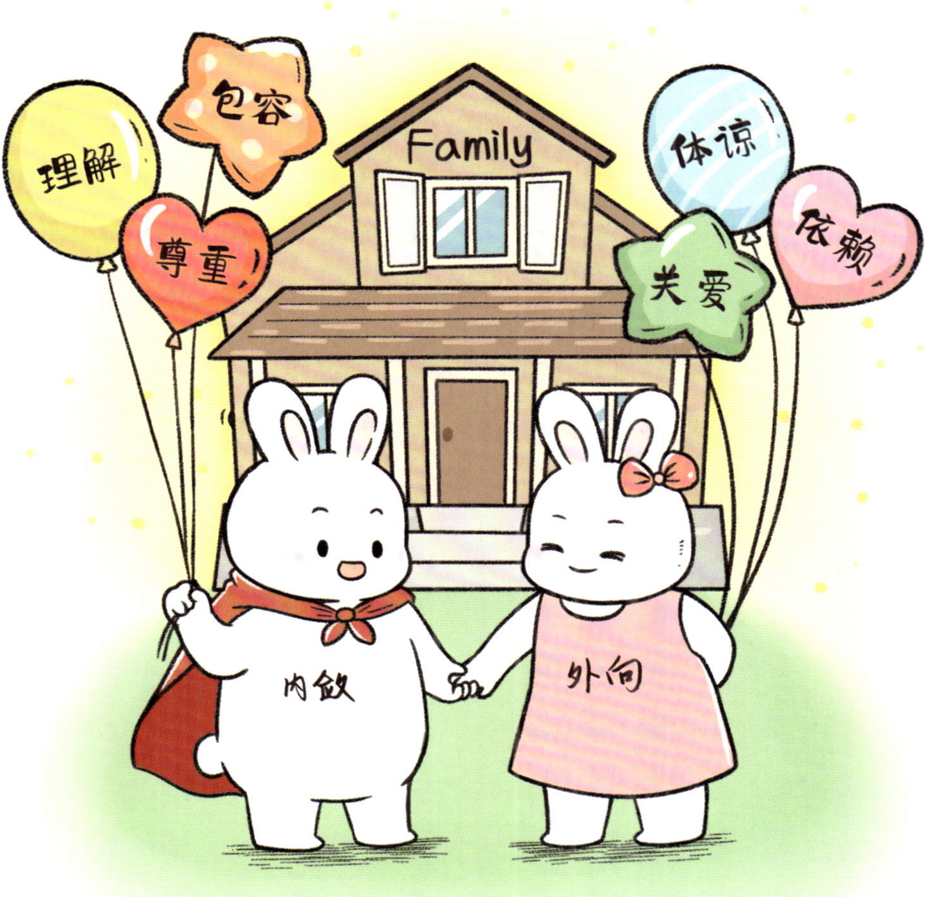

家庭，就是两个各有特点，有性格癖好棱角的灵魂，相互碰撞、相互融合的过程，在家庭的闭环中，彼此保持信任，以及不要触及对方的隐痛，是最基本的尊重。你无法去改变对方的心灵体验，那是生生世世形成的业障，对方也无法改变你的内涵，可是，双方可以找到共同喜欢的聚焦点，一起做让大家欢喜的事情，这是经营家庭的核心，求同存异，不要苛求对方全部接纳自己，也可以保留自己内心深处，一个独立的、自由的、私密的空间。

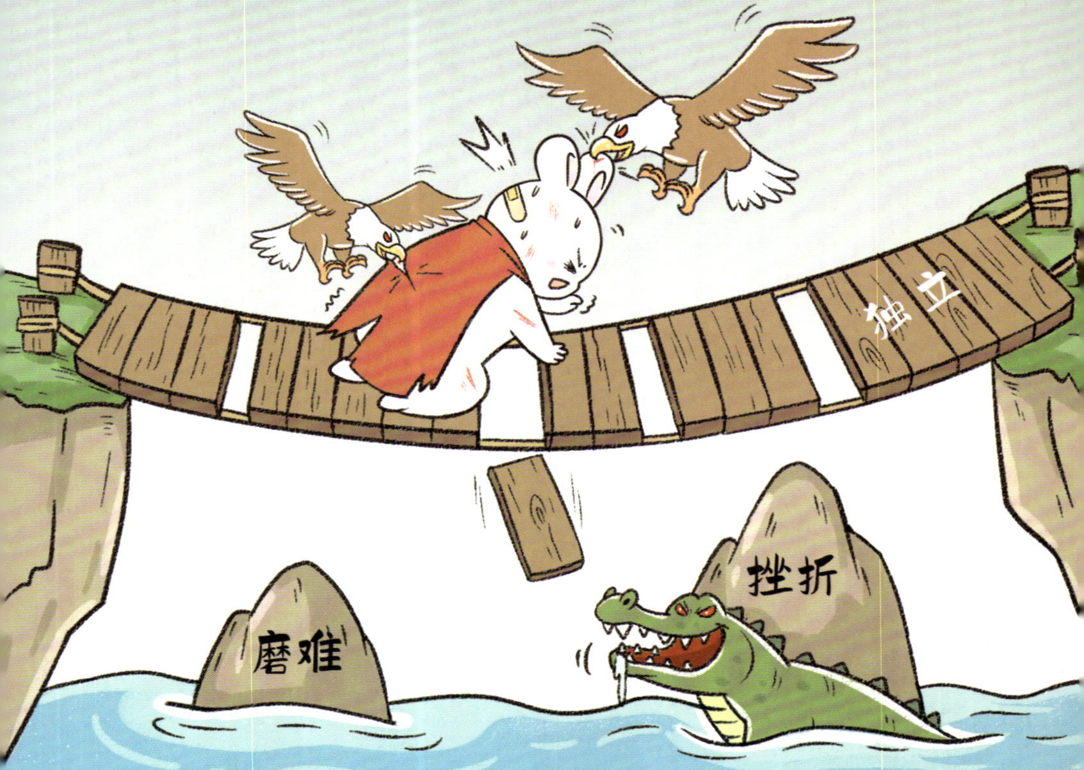

孩子要有自己独立的主见，独立的心灵，独立的思维，独立的信仰，父母无权去命令，最好也不要建议，任何建议都不要给，让她自己去摔跤，去碰壁，去伤痛，去流血，去体验失败与恐惧，

当孩子的心灵，经历了足够的伤痛与现实磨砺，她自己就会形成自我保护的警觉，她的灵魂就会形成理智且坚强的抗压力，这个时候，父母就可以给予她，她需要的帮助，无论是精神上的，还是物质上的，你们无法代替孩子生活，你们都会离开孩子，她注定要一个人面对这个残酷的世界。

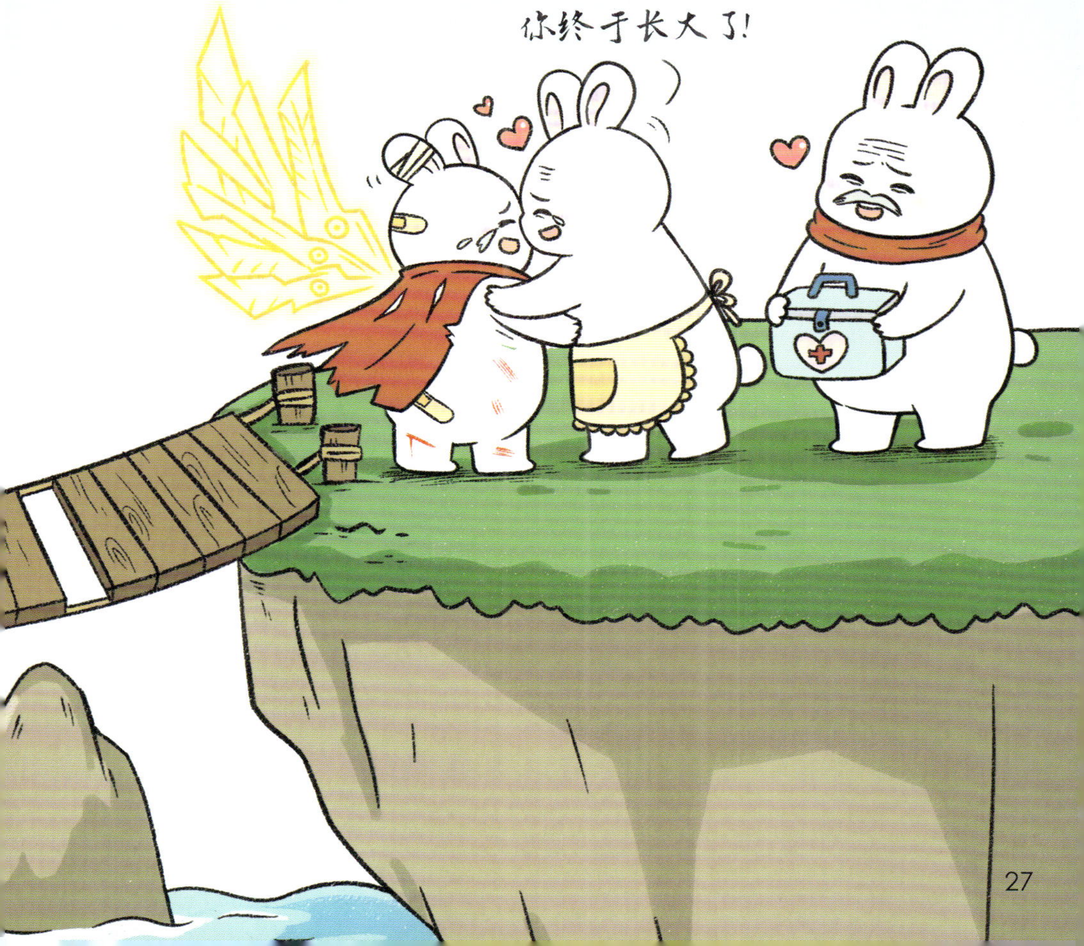

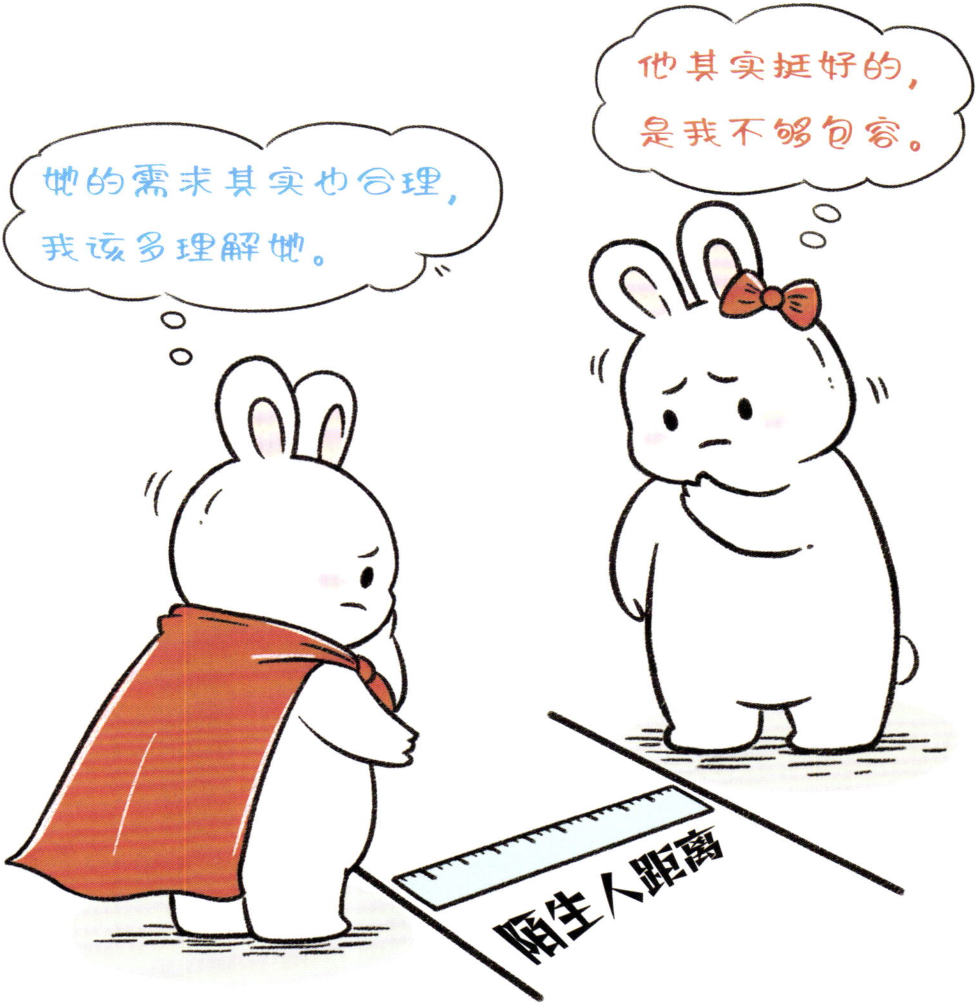

两口子吵架，是内心的诉求没有满足，可以试着作为陌生人一样，平静地谈谈，礼貌，有距离，保持相互的尊重，这样百分之八十的问题都可以解决。

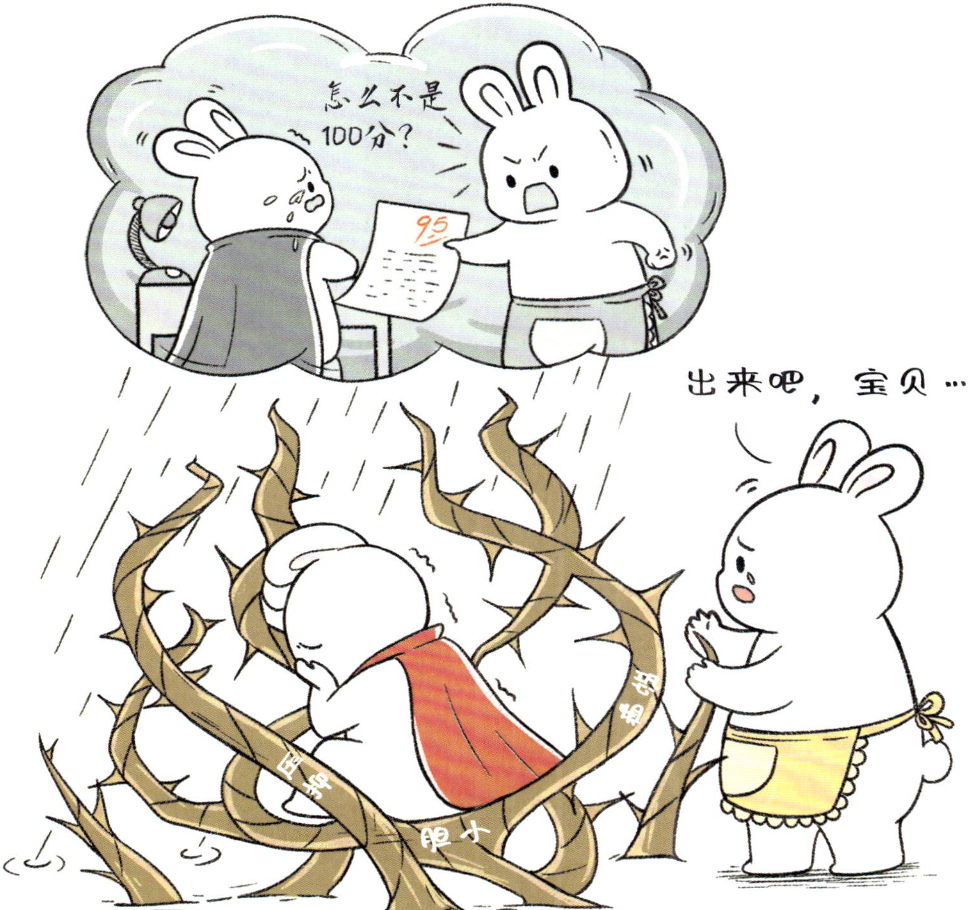

在培养孩子、管教孩子的基础之上，不要对孩子形成明确的“期许”， 也就是功利化，不要一定要求孩子考多少分，尽心尽力就好，不要强求孩子要上名校，不考上名校就如何如何，这种明确具体的，功利化的教育，会压抑孩子的灵魂形成抑郁症，等到孩子心灵生病的时候，你再痛哭流涕就悔之晚矣。

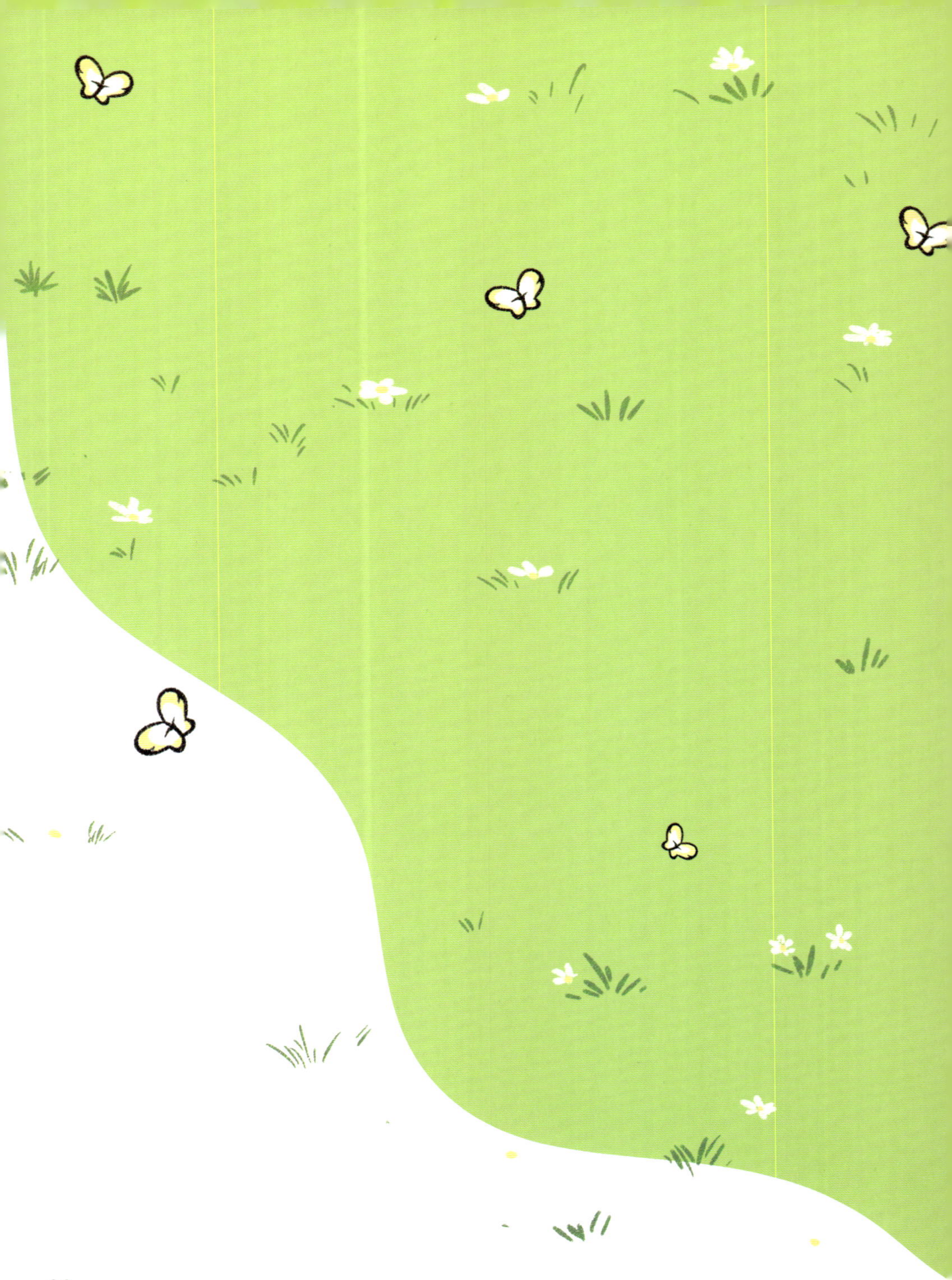

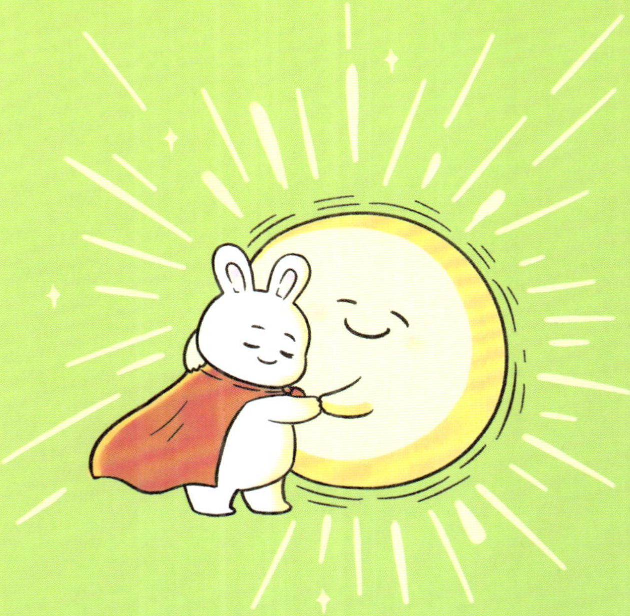

让烦恼一边去吧

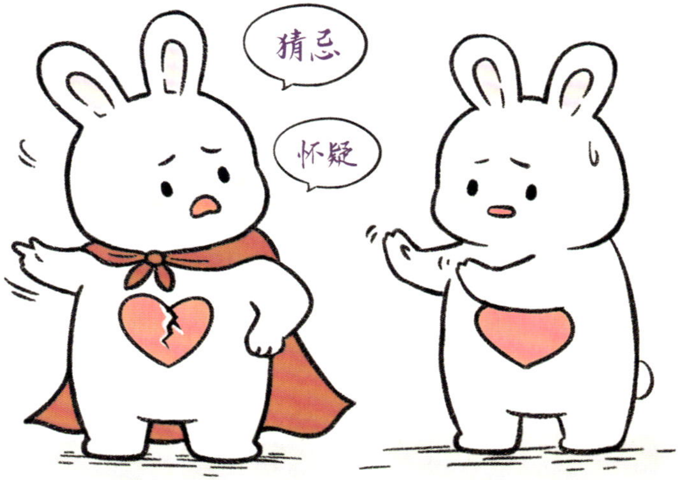

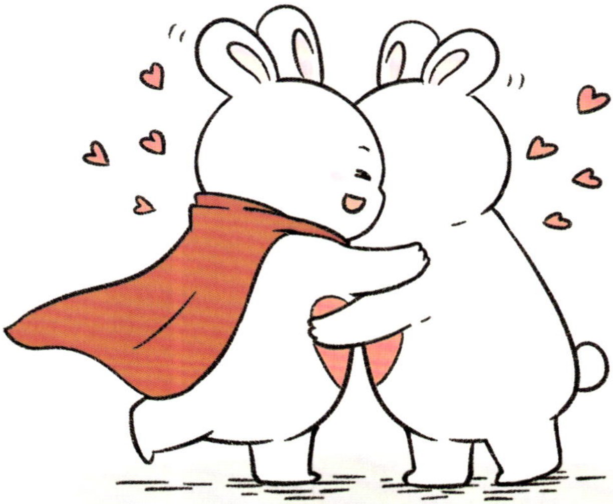

如果有了猜忌，你把内心的这个怀疑呀，嫌隙呀，包括内心的这种情愫啊，把他表达出来，可能对方并不是你想象当中的，你误会当中的那种心态，叫“说破无毒”。

将内心委屈的自己曝光出来，一次次地宽慰她，温暖她，引导她，逐渐劝导她接纳委屈，宽恕委屈，直至遗忘委屈。

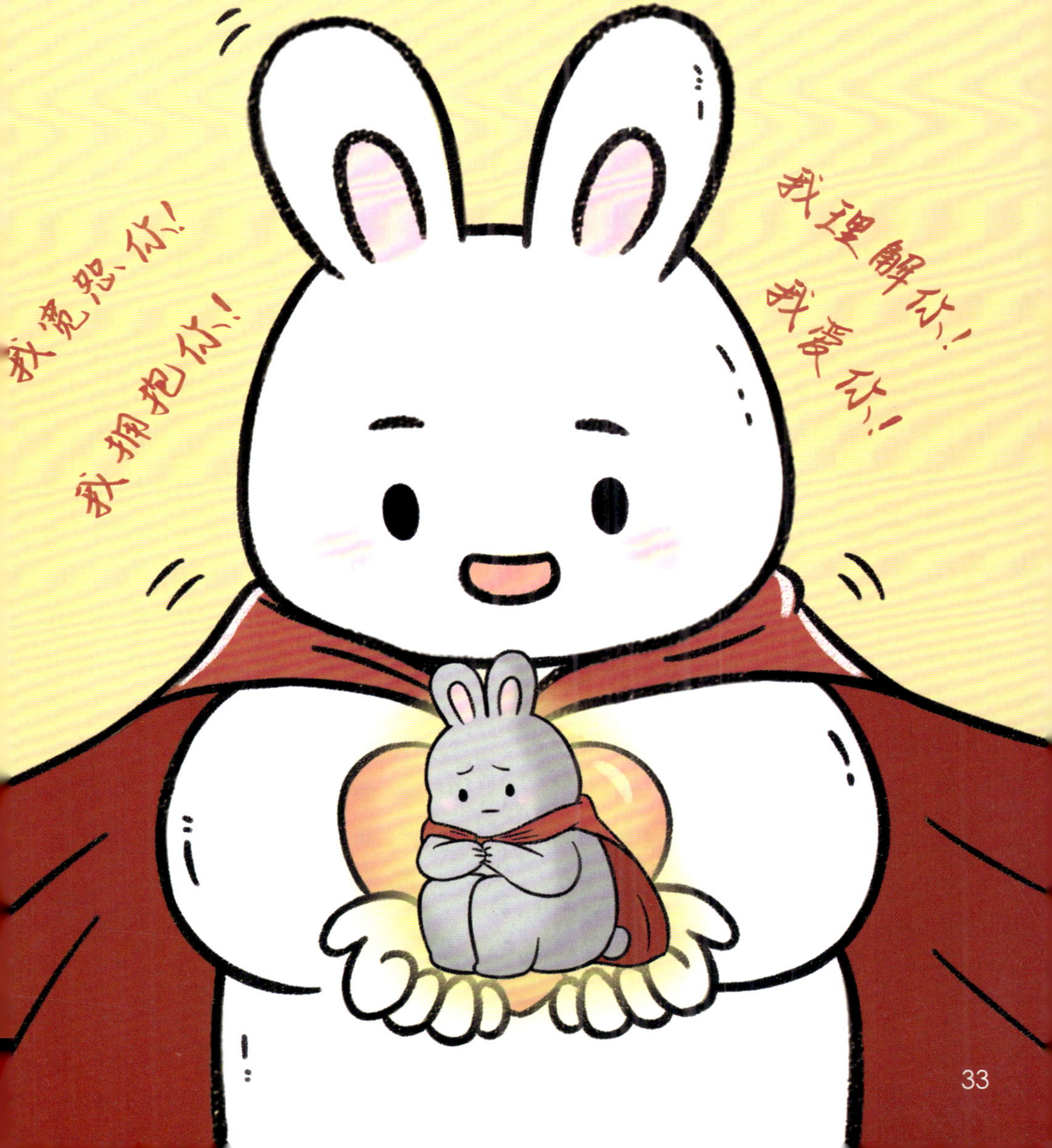

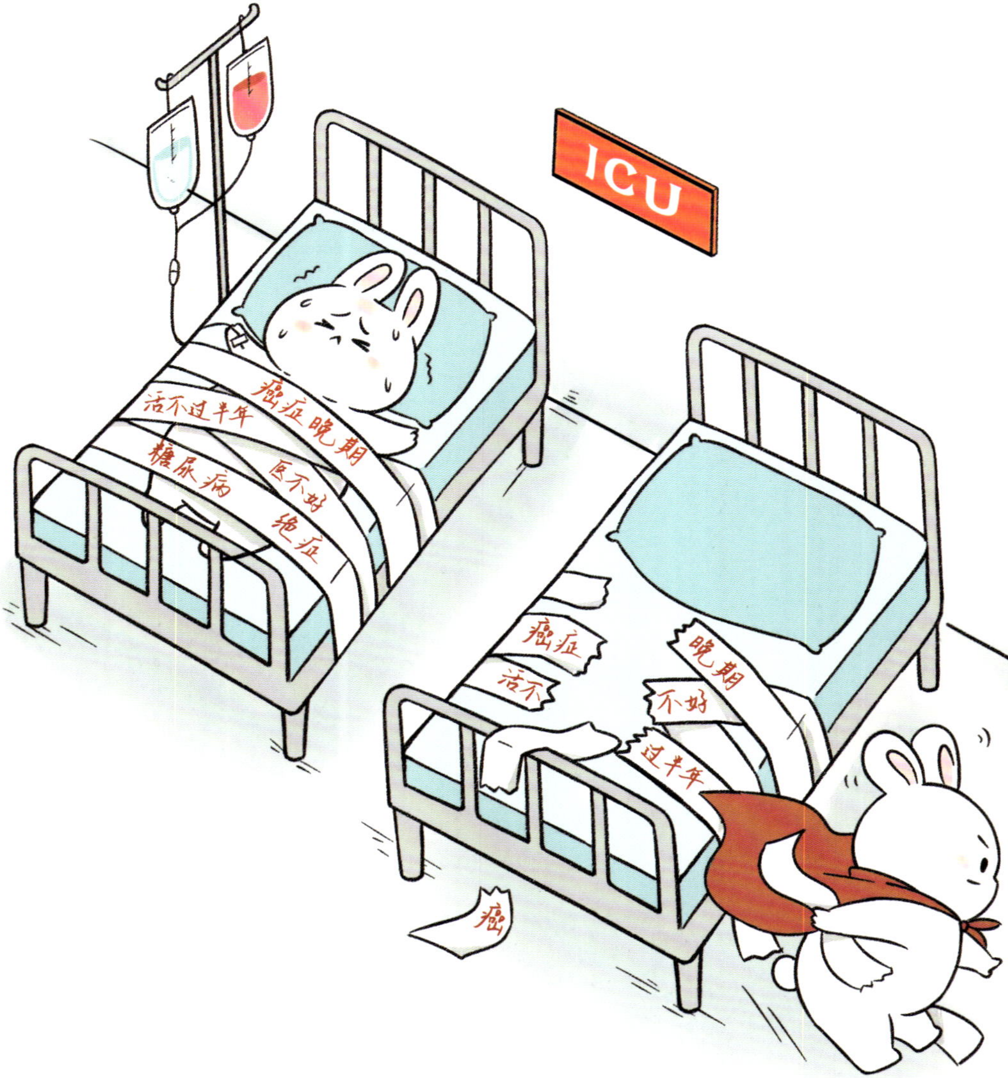

忘掉你的身体，

忘掉你被医院定义的各种各样的绝症的词汇，

不要用“病”，

不要用“绝症”来定义你的身体状态。

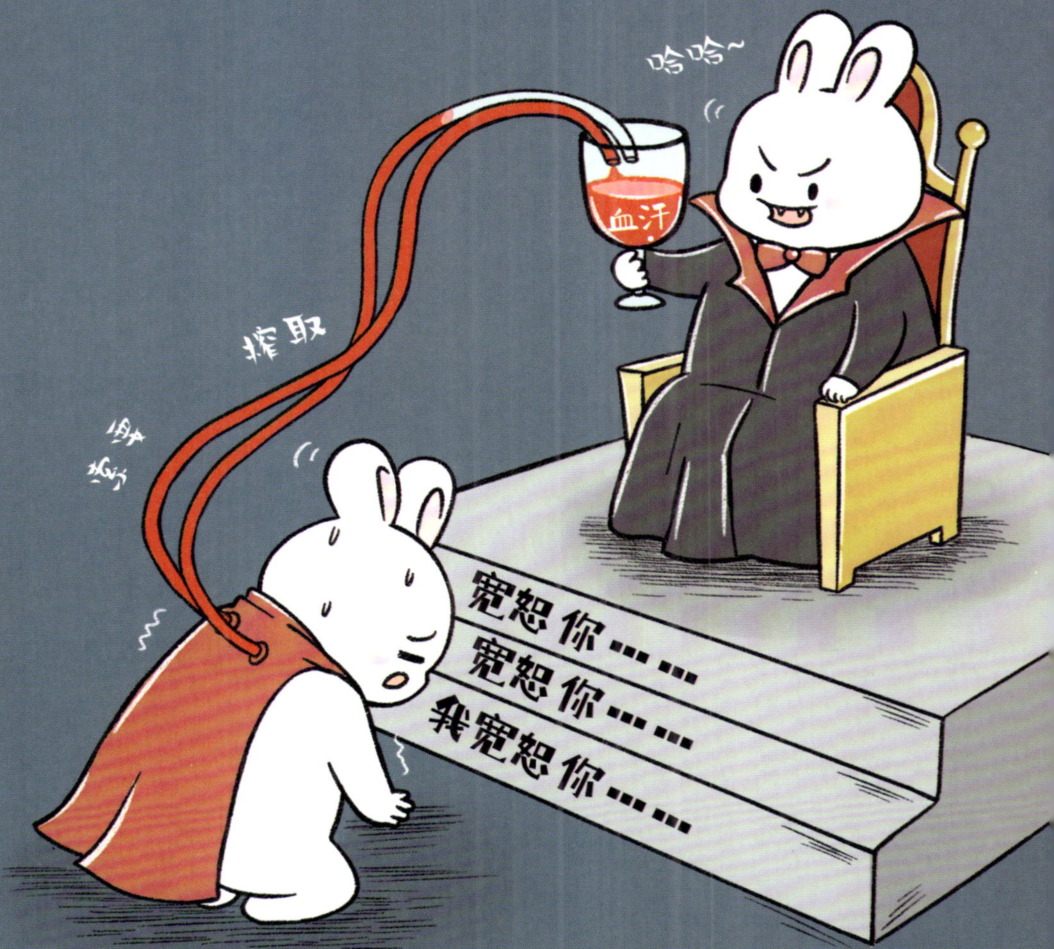

和平共处，公正独立，不要委曲求全，
不要因为对方的强势去委屈自己，
尽好自己份内的责任，该有的性格要展现出来，
懦弱不是宽恕，讨好不是宽恕，
谨小慎微，委曲求全，不是宽恕；
宽恕，是建立在公正清白的良心之上。

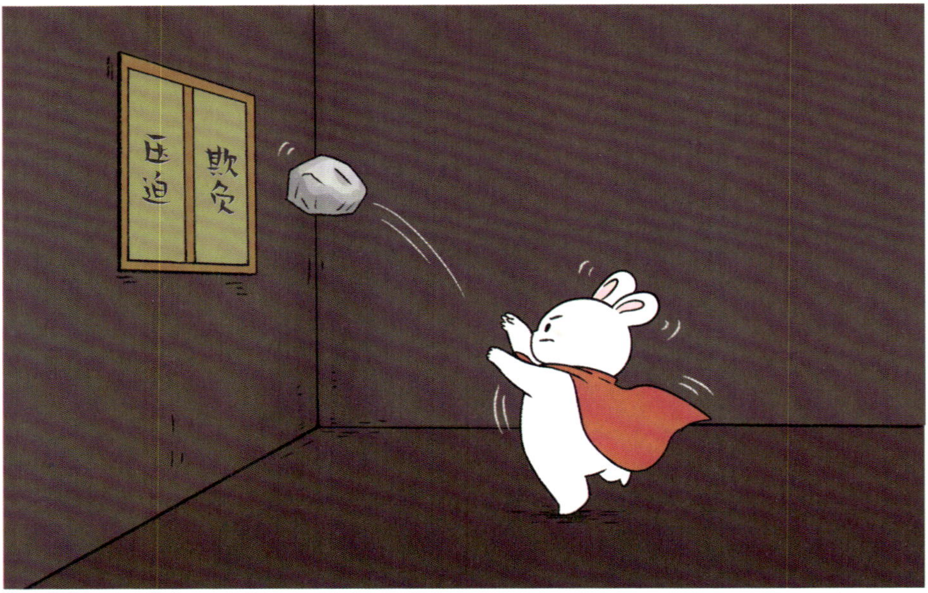

先做回真实的心吧，想反抗就反抗，不要扭曲自己的灵魂，唯有心安理得，平心静气的心，才具有宽恕的能力。

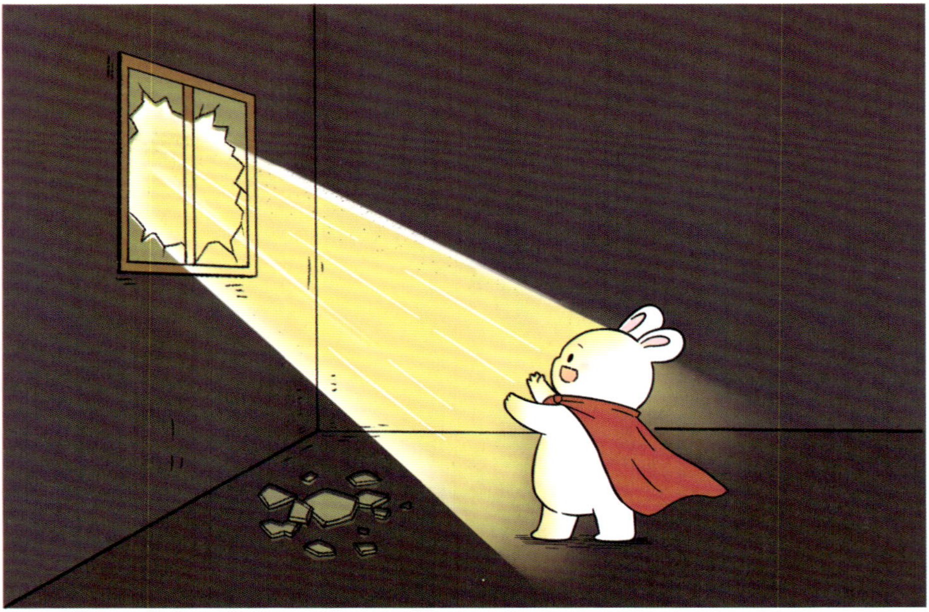

做人做事啊，在不同的环境当中，一定要以正面的语气，比如说"感谢你，谢谢你，祝福你"，用正面的语气。你的心底里面的这种胆怯和怀疑，让你不敢将这种正面的语气把它说出来，就形成了一种内向的性格，很多事情都只能自己内心想一想。以后要记得把内心正面的一些想法和动机要说出来，比如说"让我来帮助你，非常感谢你"，像这种正面的话，要经常说，它可以将你内心的这种胆怯和这种阴影消散很大一部分。

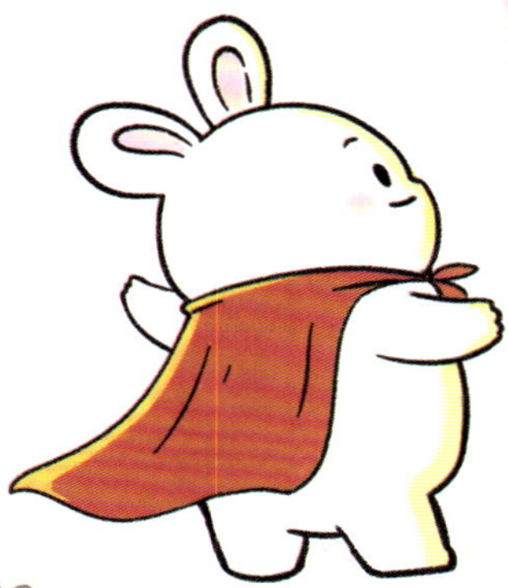

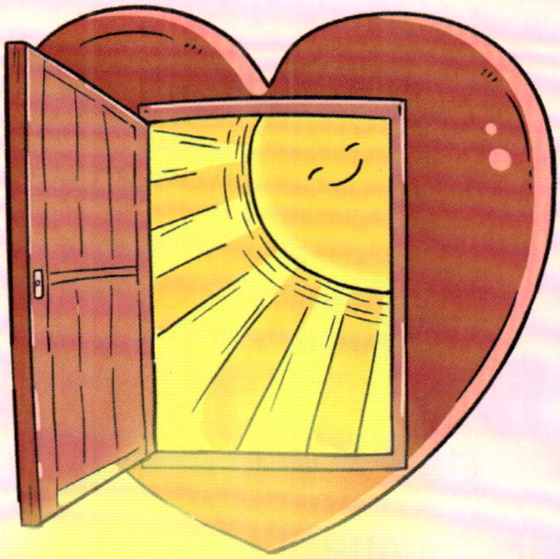

缺爱，
就去找到爱呀

当一个人在内心的体验当中，感觉到越来越多的别人的爱，别人的肯定，他就会变得很自信。当一个人在心灵体验当中感受到别人的宽恕、接纳、温暖，他会越来越安全。

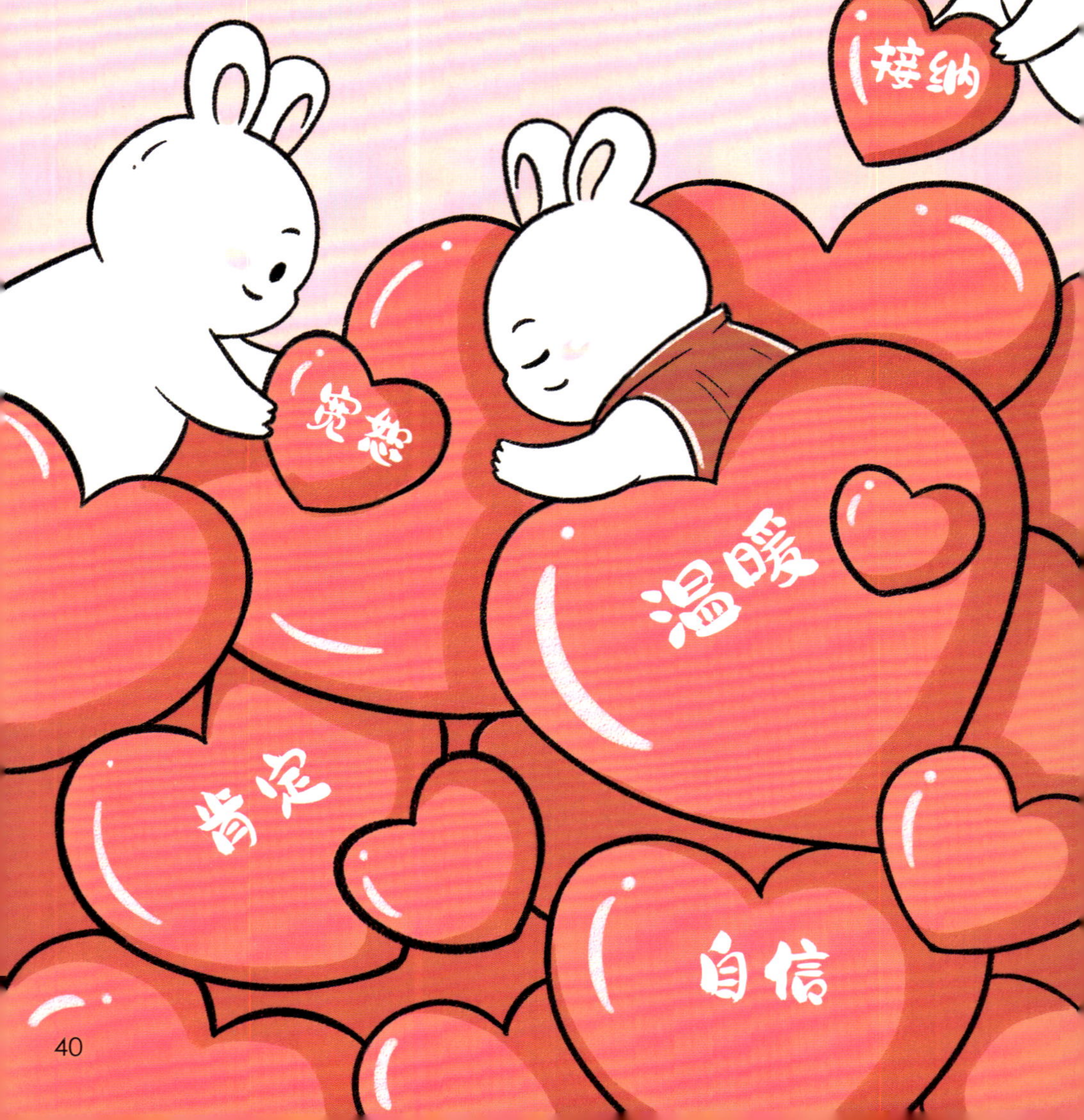

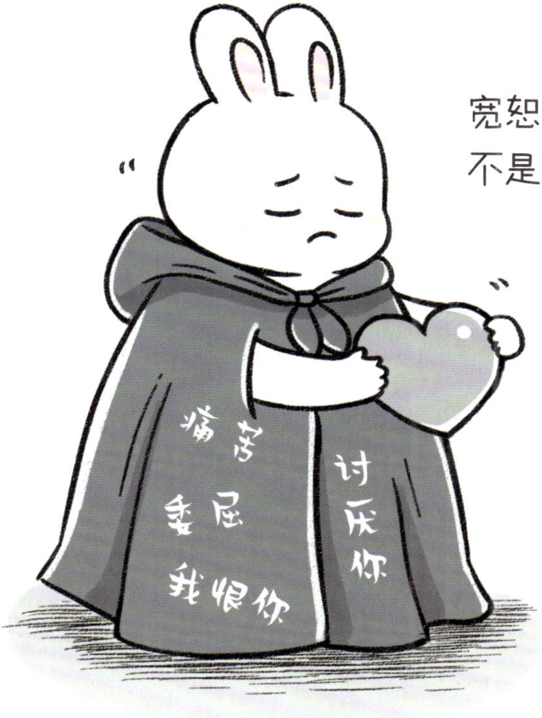

宽恕，
不是强迫自己去“爱”。

而是，宽恕了那些
“无法宽恕”的自己，
剩下的就只是“爱”了。

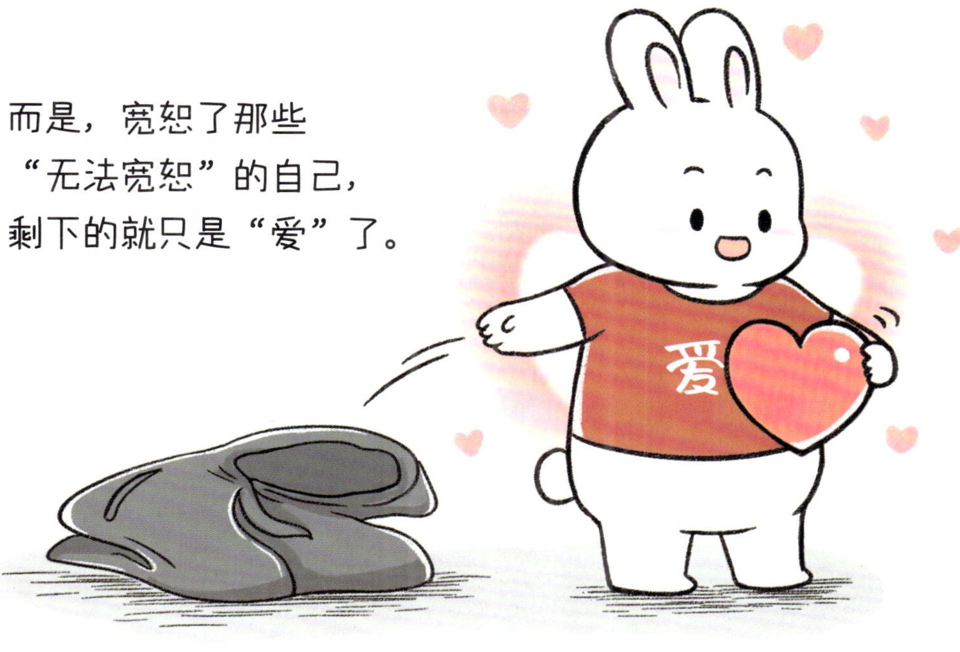

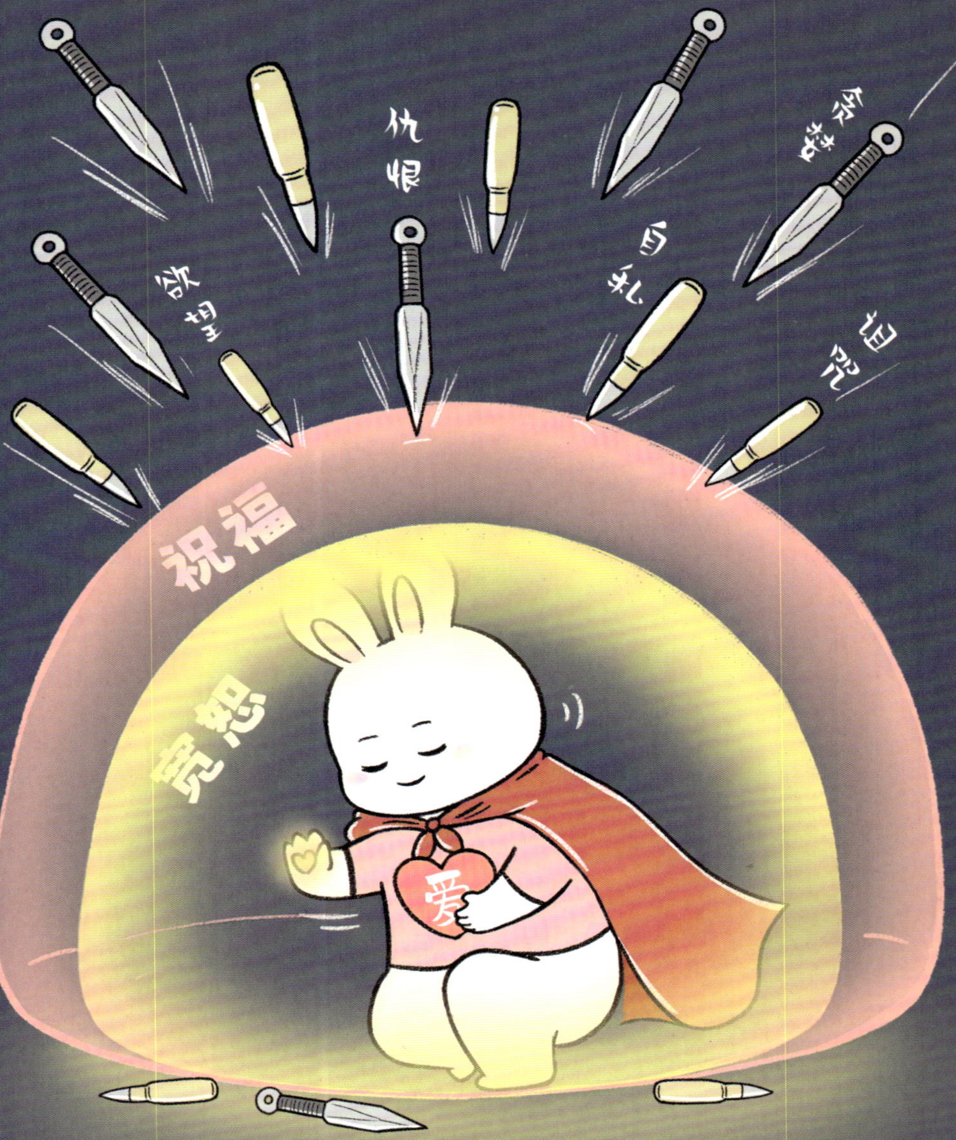

爱，不可能被仇恨所伤害。
祝福，不可能被诅咒所伤害。
宽恕，不可能被仇恨所伤害。

一切生命未曾离开过爱
一切灵魂都归属于爱
爱未曾遗忘一人

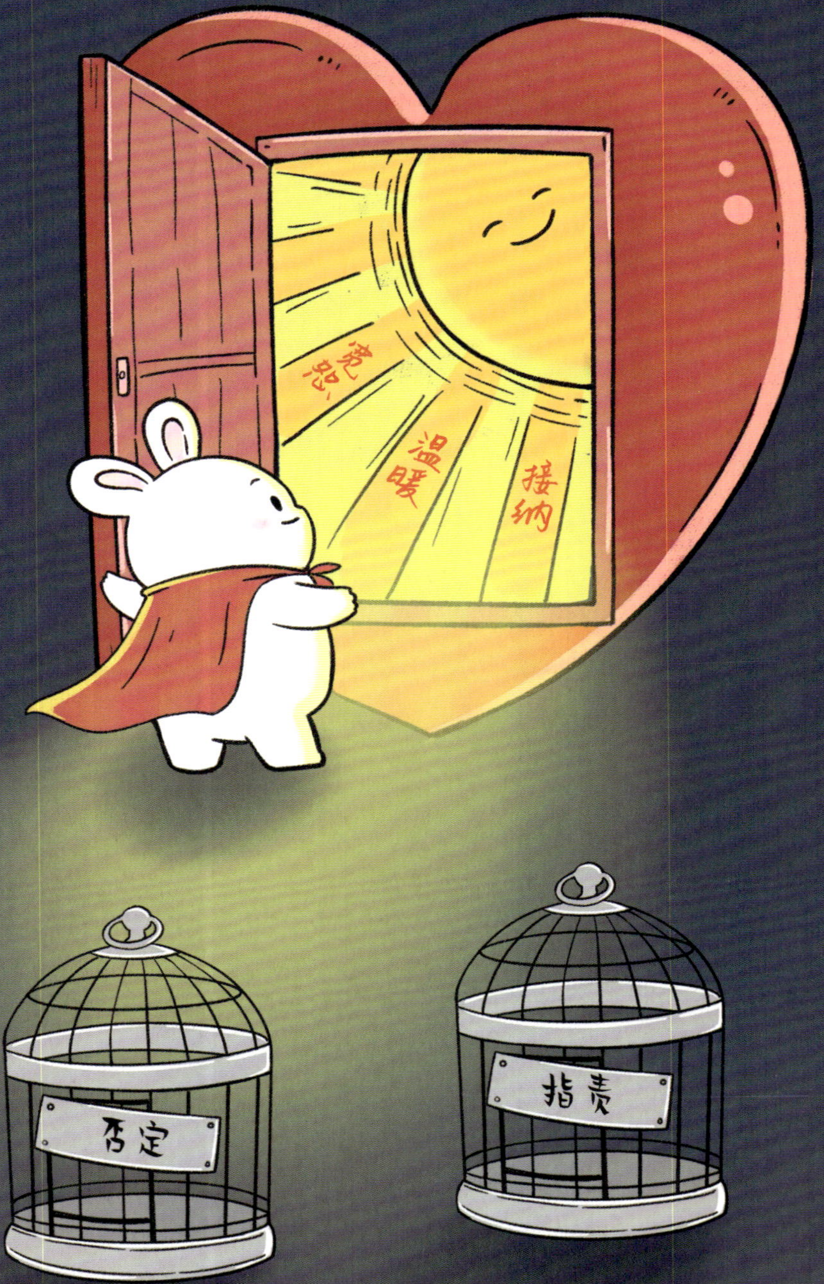
宽恕、
温暖
接纳
否定
指责

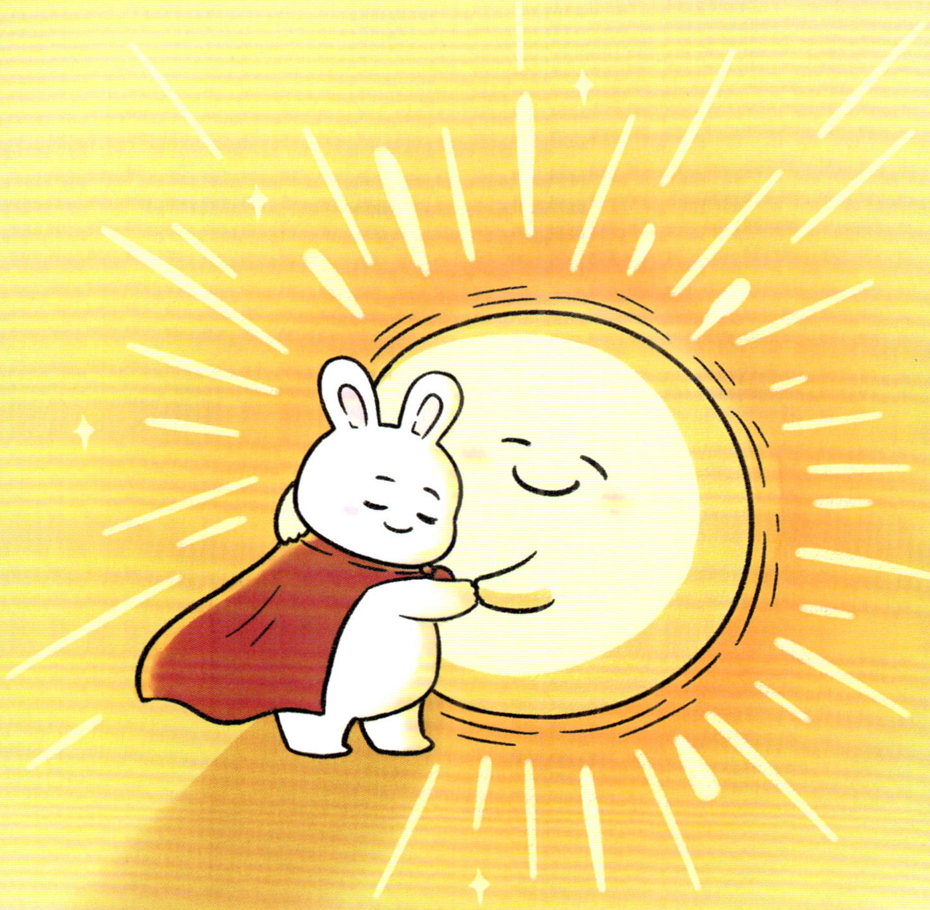

没有指责，没有否定，
只有宽恕与温暖，只有接纳与爱。
一颗温暖的心，才可能救赎灵魂，
灵魂不可能在指责与否定中解脱，
灵魂只能在宽恕温暖中获得救赎。

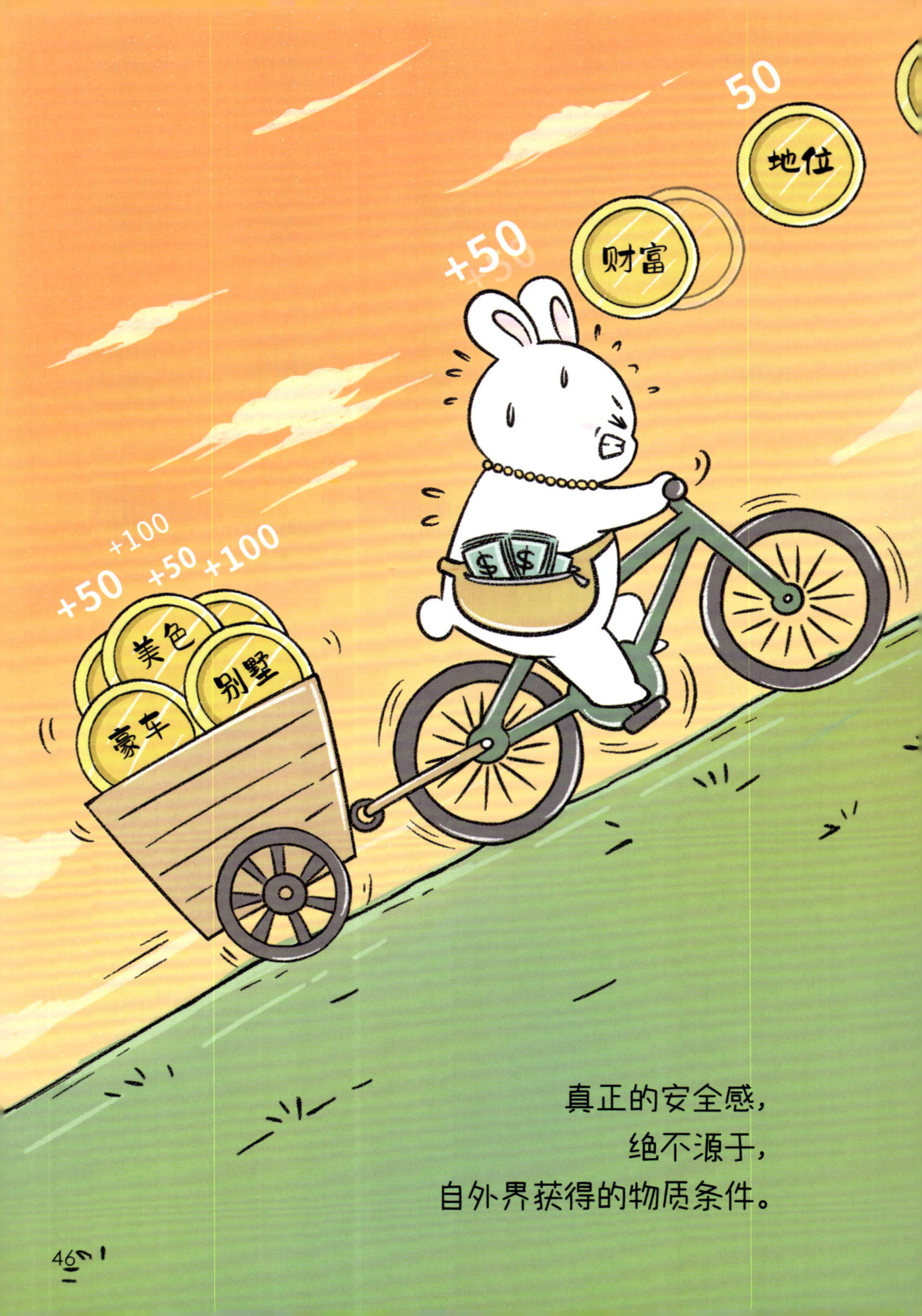

真正的安全感，
绝不源于，
自外界获得的物质条件。

真正的安全感，是你的内心，
可以一无所有，且一无所缺。

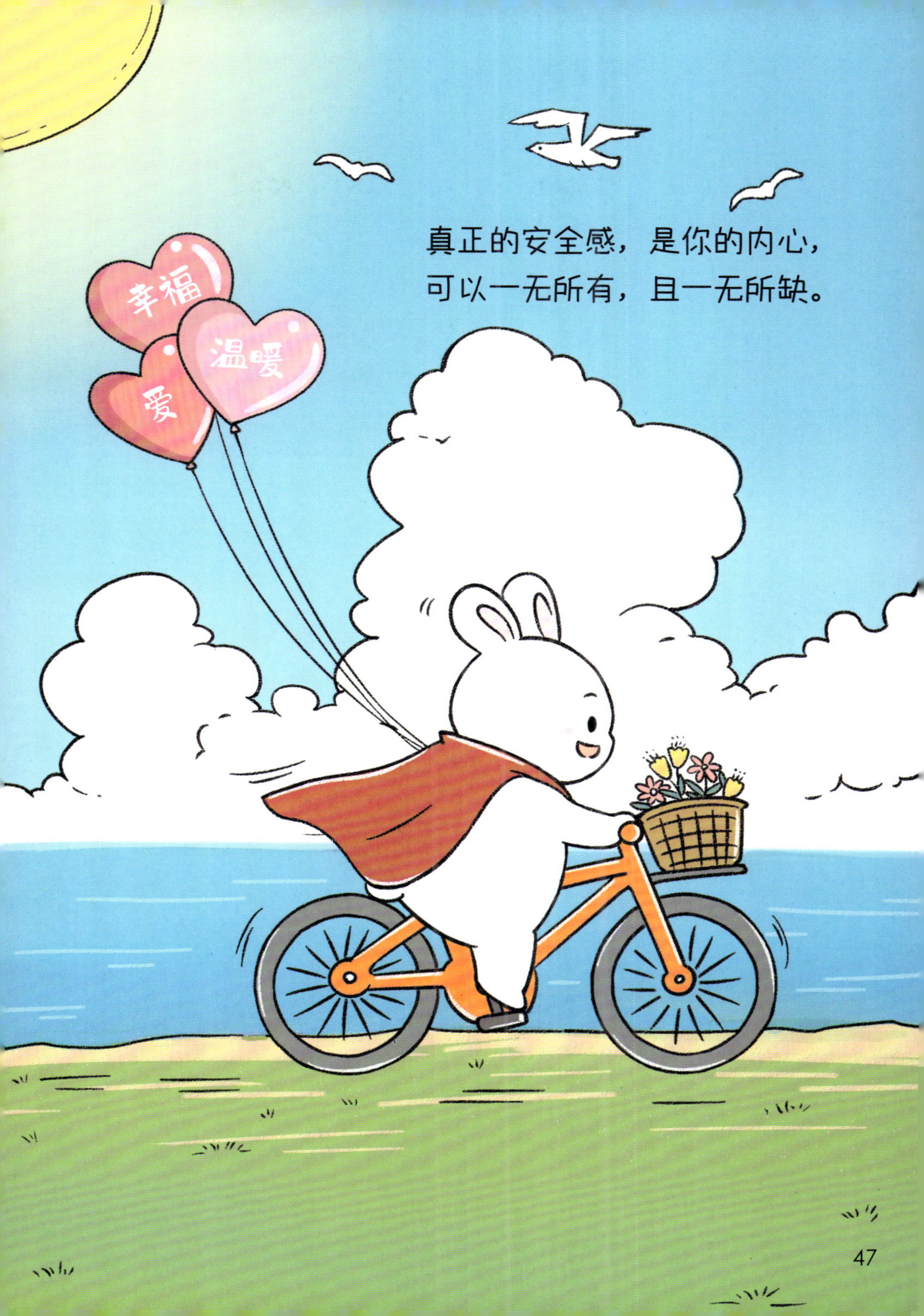

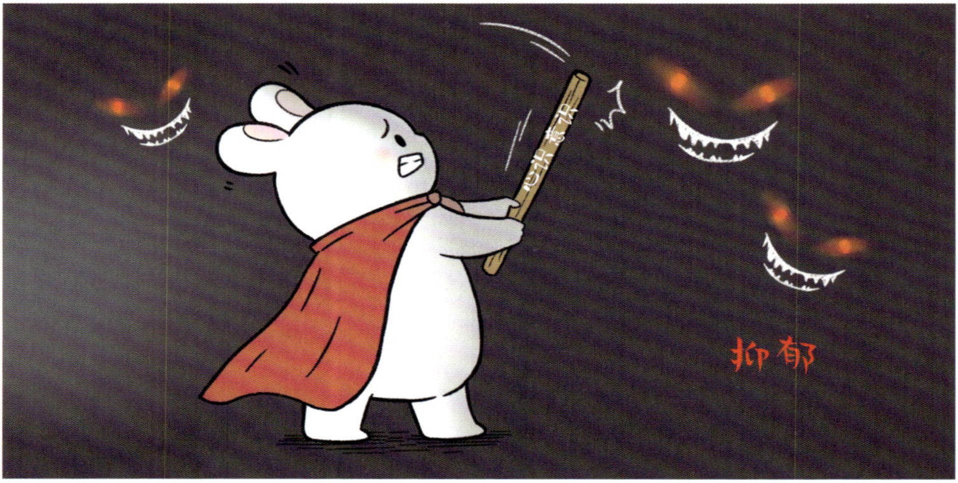

只有爱可以抵御抑郁症患者内心那些负面的情愫。因为它们是同等空间的因素，都是意识和心识所无法触及、无法提炼、没有办法去改变的心灵情愫的境界。

只有爱可以真正地救赎、改变、康复抑郁症患者的心灵负面阴暗的孤寂感、不被理解感、疏远感和没有意义感，只有爱可以。

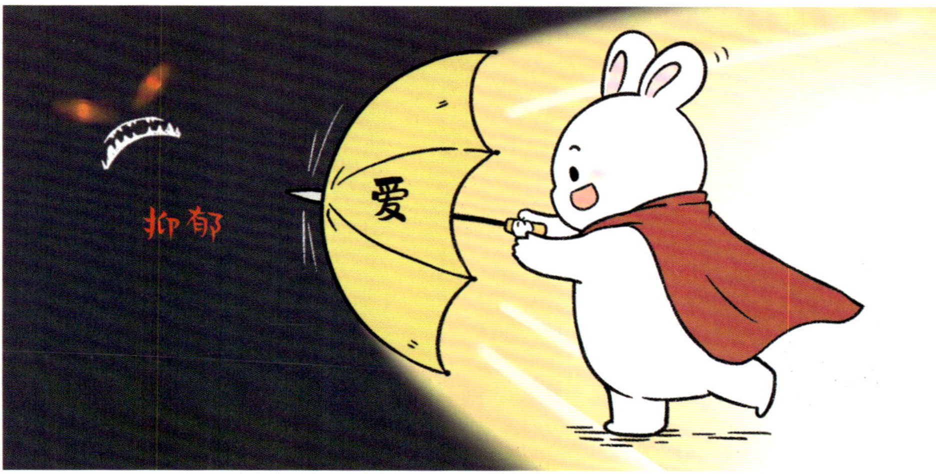

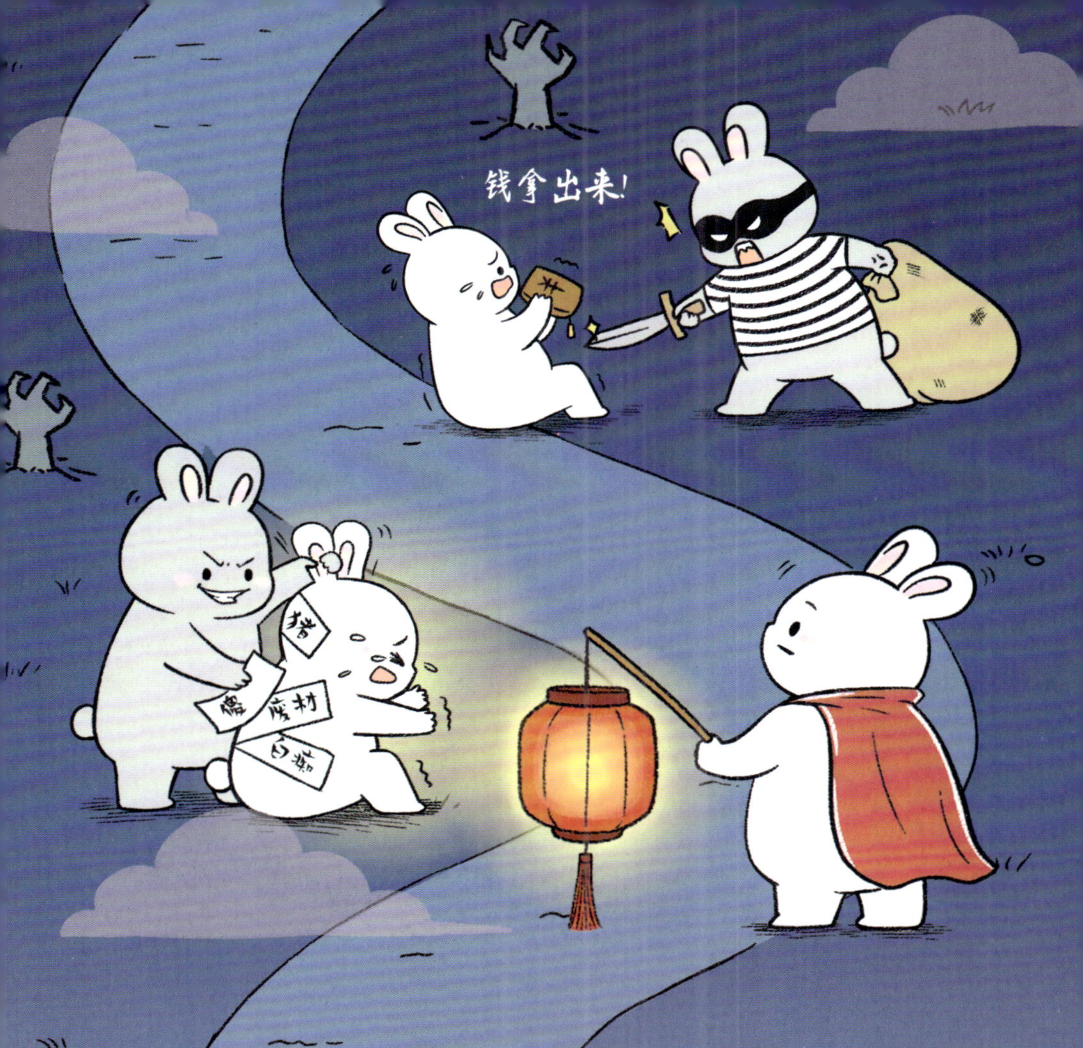

当灵魂不再孤单，不再恐惧，不再暗自神伤，当灵魂处于温暖与安宁，当灵魂本身幸福且光明，你是无法体会到外界的丑恶与伤害的，即便你看到了不平的事情，看到了龌龊的现象，你的反应也是温暖平和的，因为，真正的温暖与爱，绝不可能被外界的现象所改变。

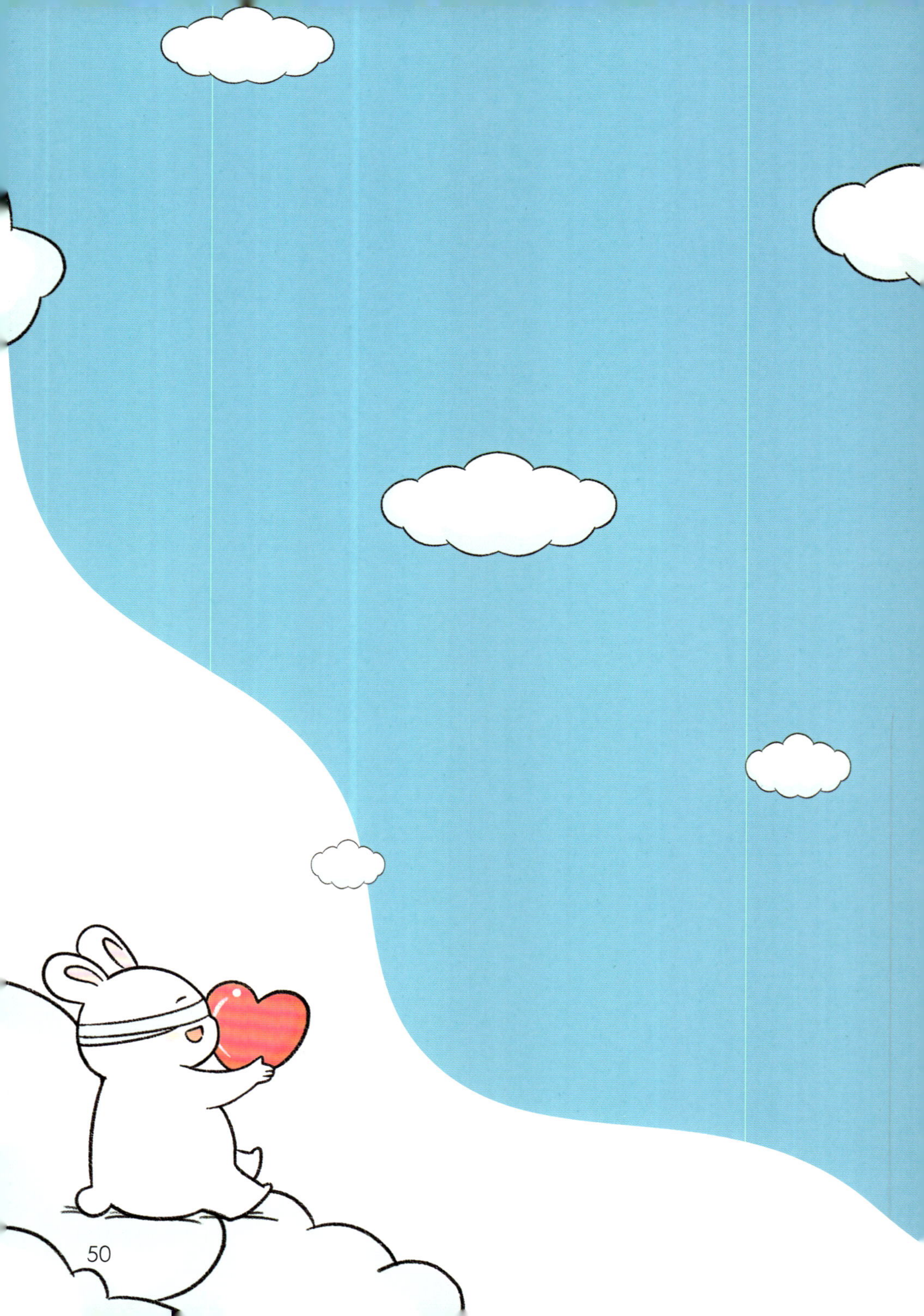

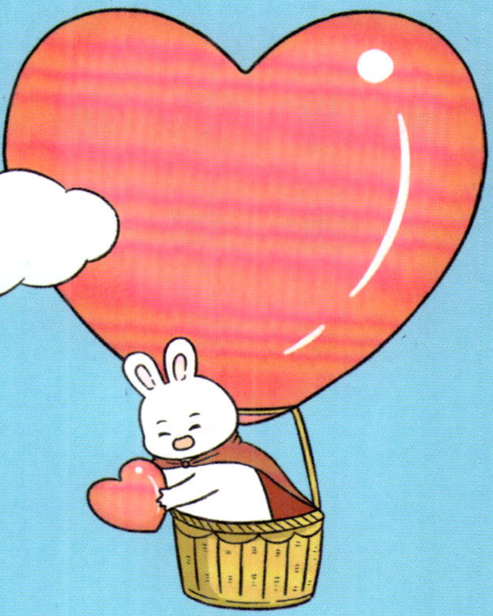

敞开心扉，勇敢去爱

以生命之中最纯洁的爱，去祝福别人；
以灵魂深处最纯洁的无私，去宽恕别人；
用心灵之中最温暖的体谅，去接纳别人。

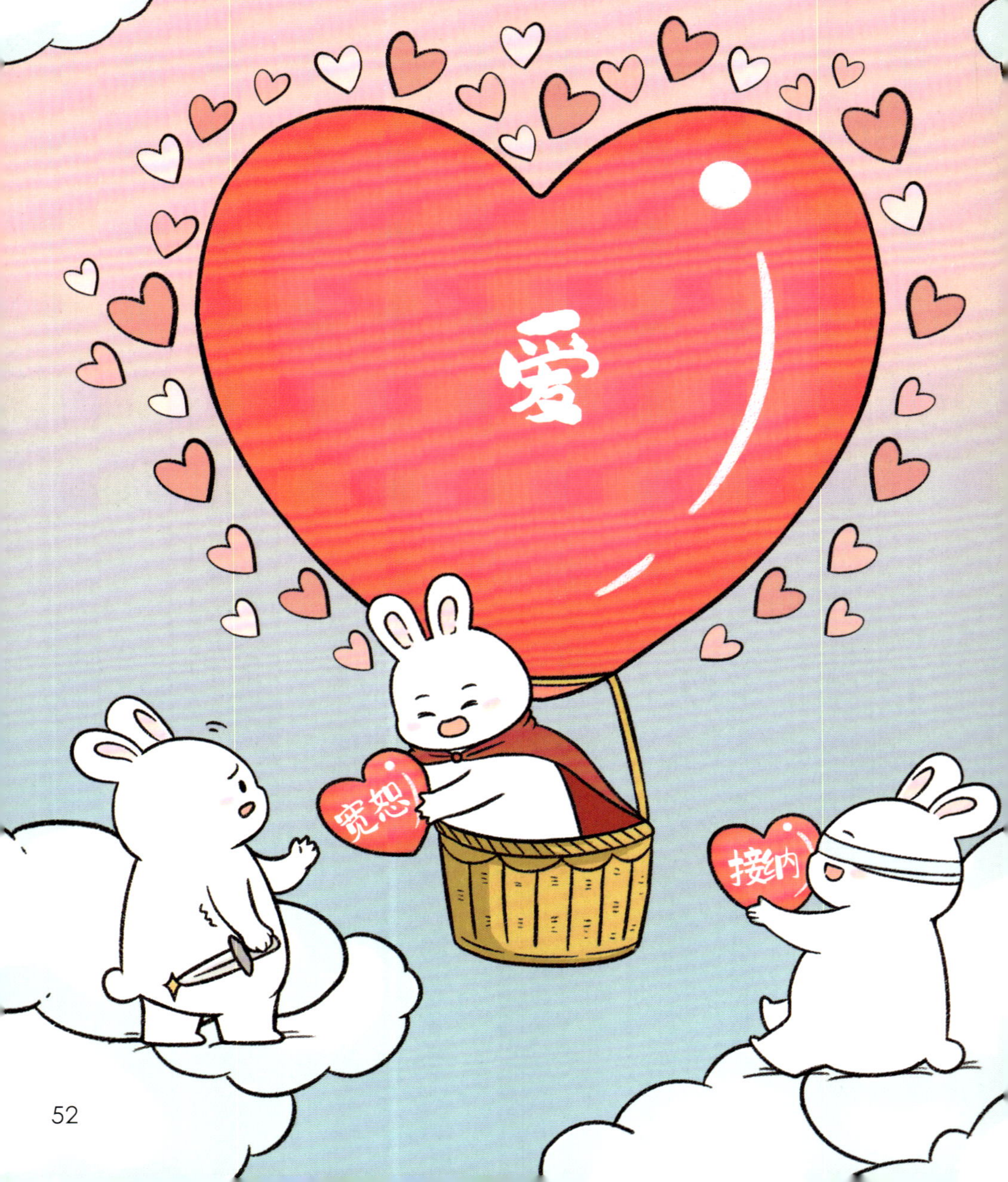

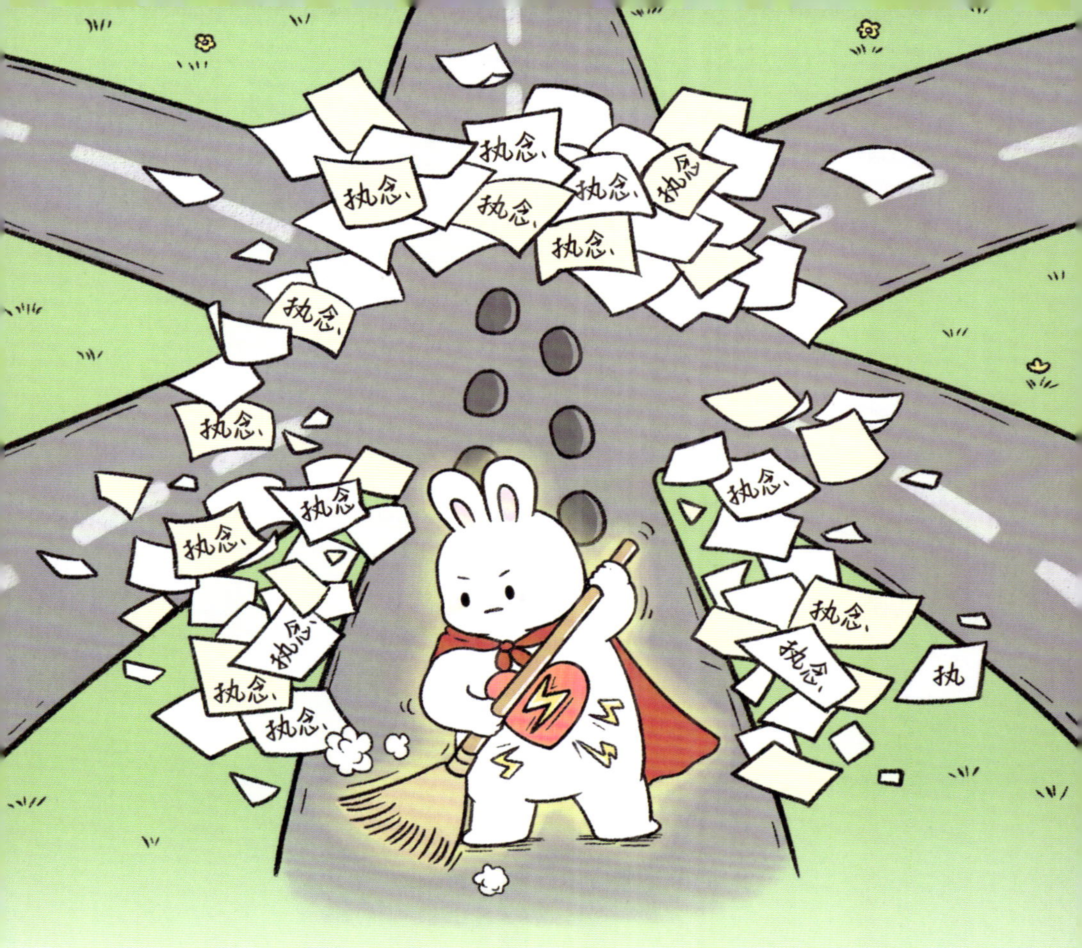

执着越少，烦恼越少。
爱越强盛，温暖越多。
心越明确，选择越少。

当你看到一个残疾人
在路边乞讨的时候，
这时候，碰着了另外一个，
很可怜的乞丐。

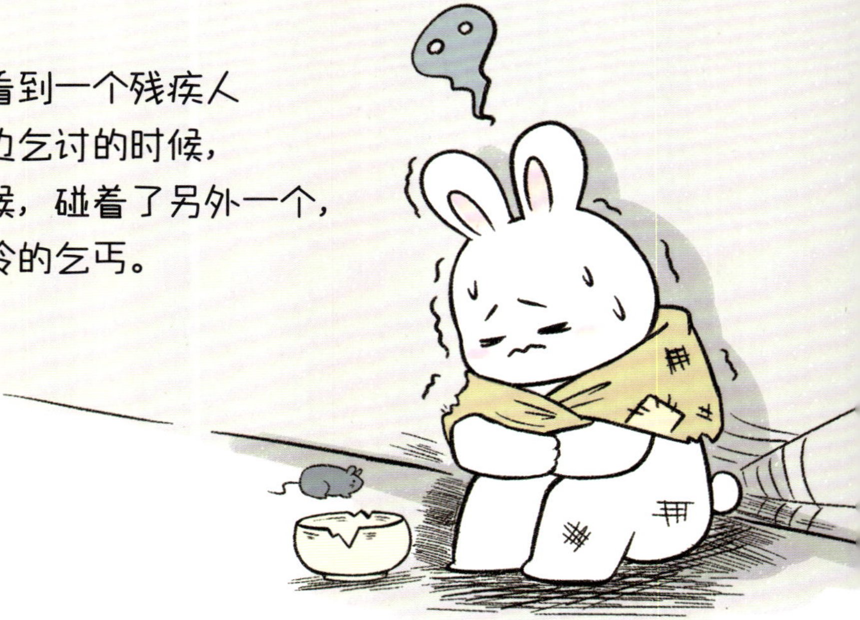

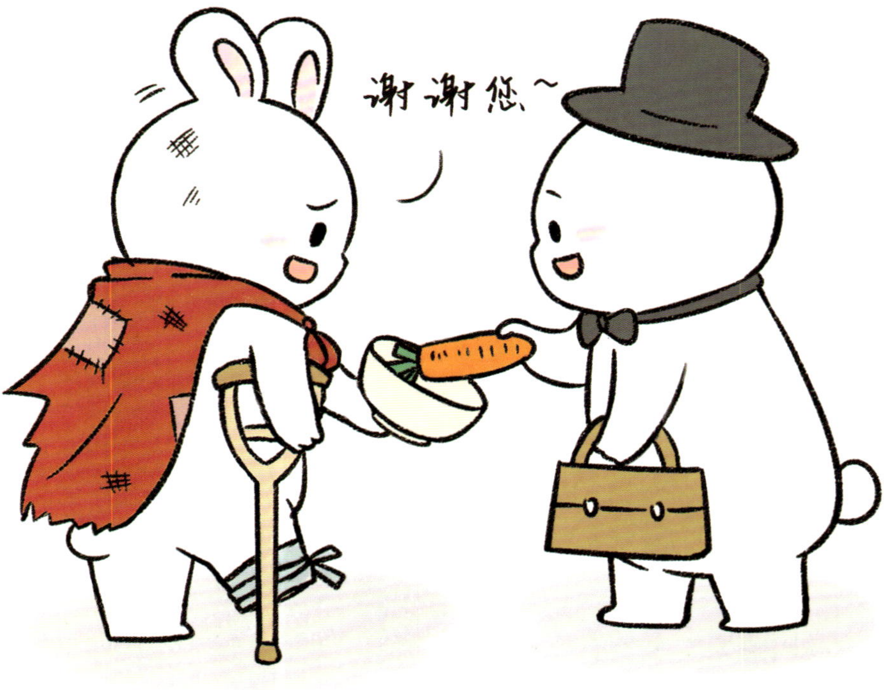

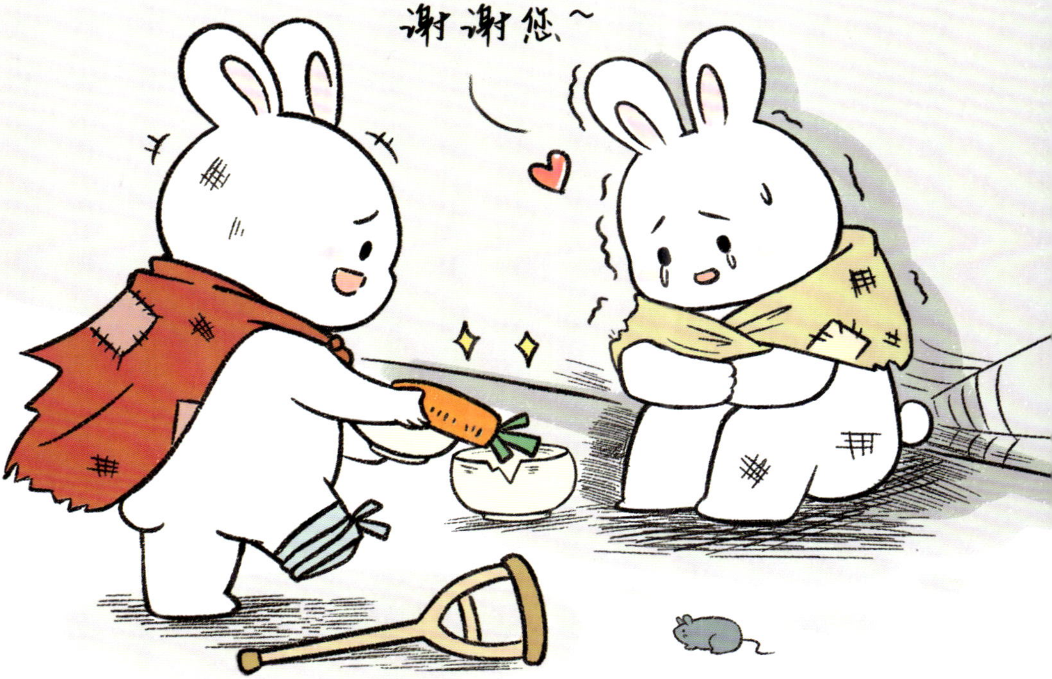

那个残疾人呢，看到那个乞丐，
就是说几天没吃饭了，就说是快要饿毙街头了，
他把自己身上仅有的钱拿出来，
去送给那个乞丐，让他去买顿吃的。
这时候你内心会有一种不由你的意识控制的感动。
天堂，就是在感动当中的那一丝无私。

当你，看到自己最心爱的东西，最心爱的人，
受到伤害的时候，你不顾一切地，去冲上前去，
完全不顾及自己的身家性命，
不顾及自己的生死，

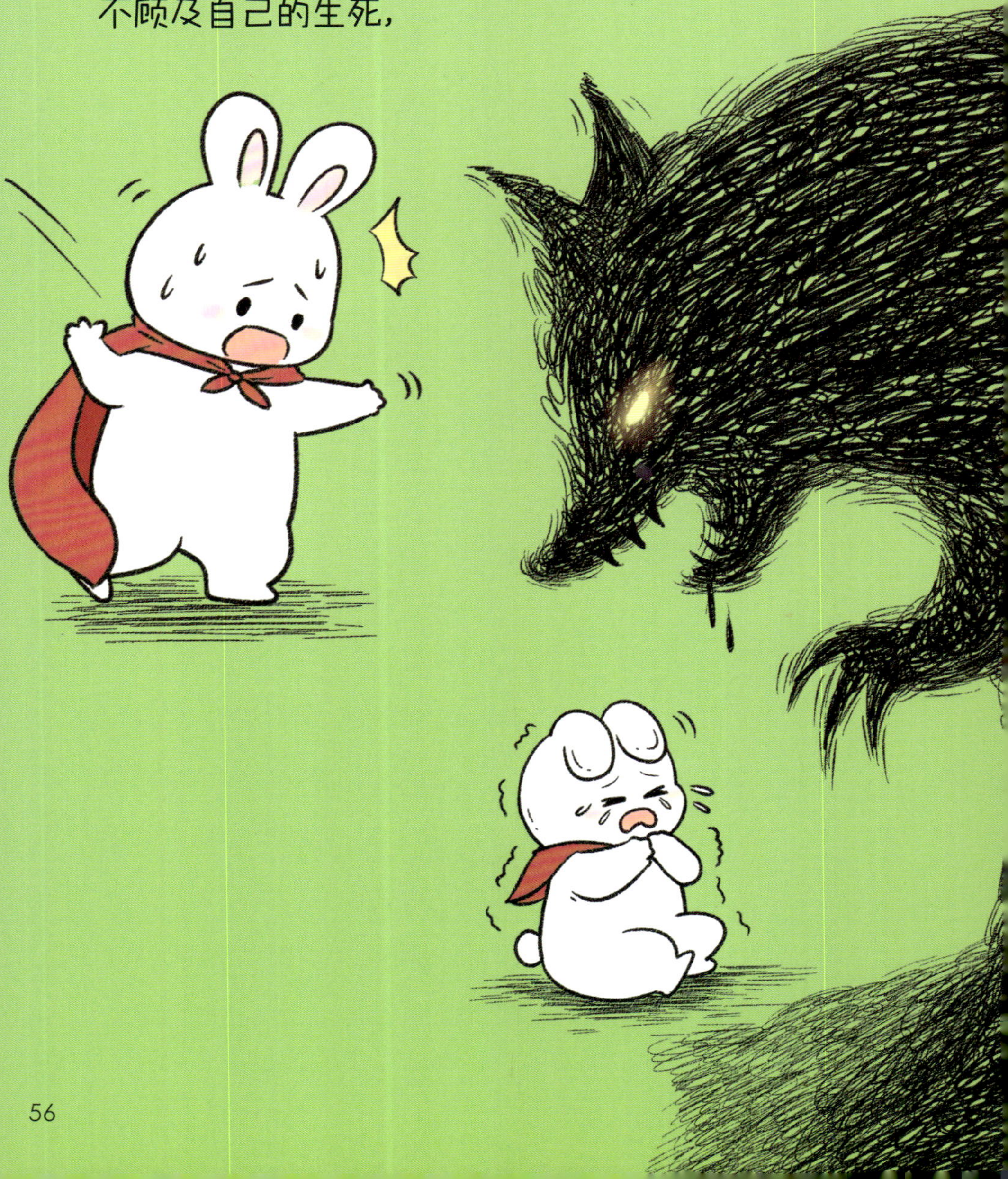

想要去为他去化解当下危难的时候，
那种大无畏的，那种纯洁至极的，
完全忘我的那种勇气和承担，
那个是天堂。

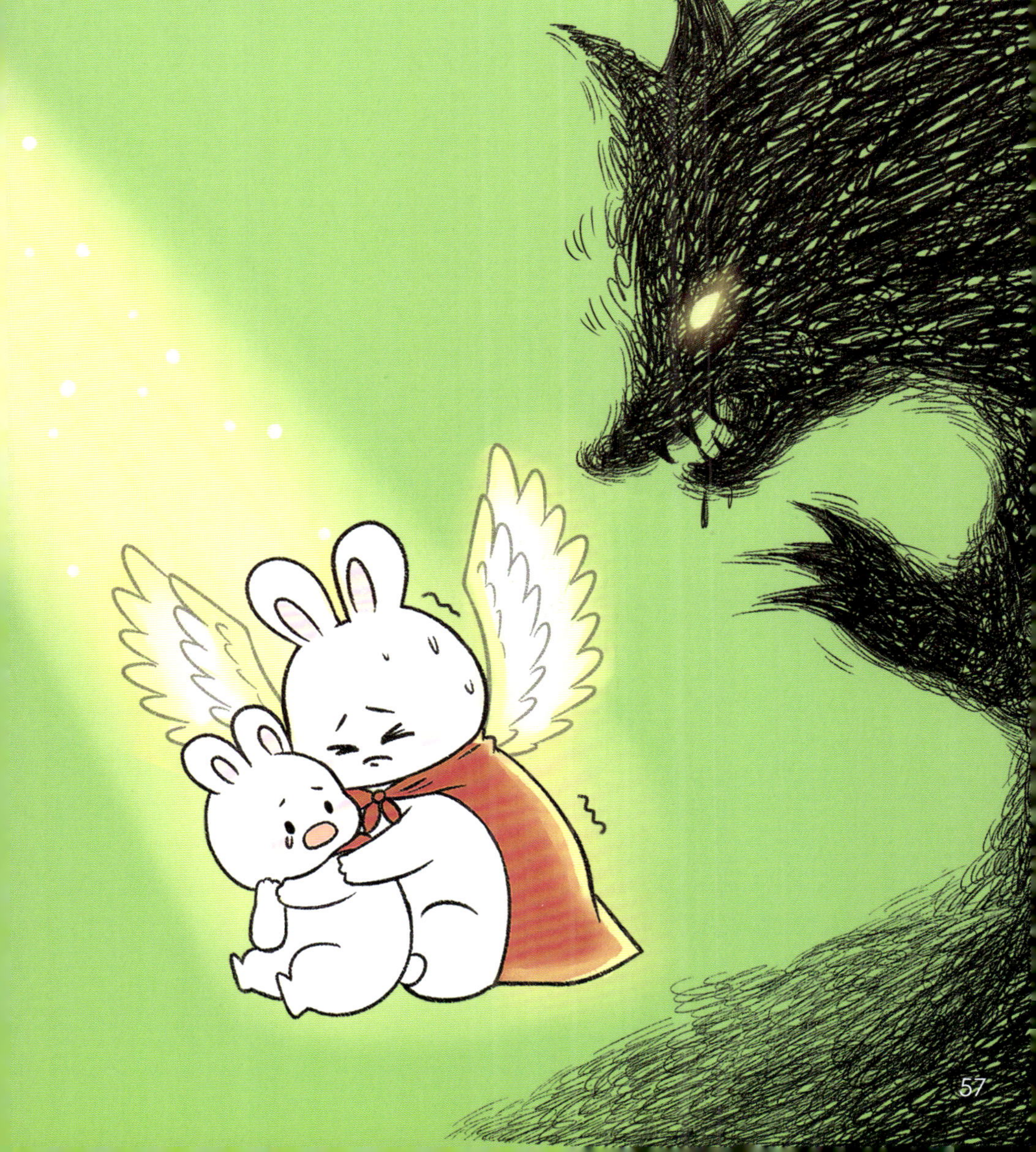

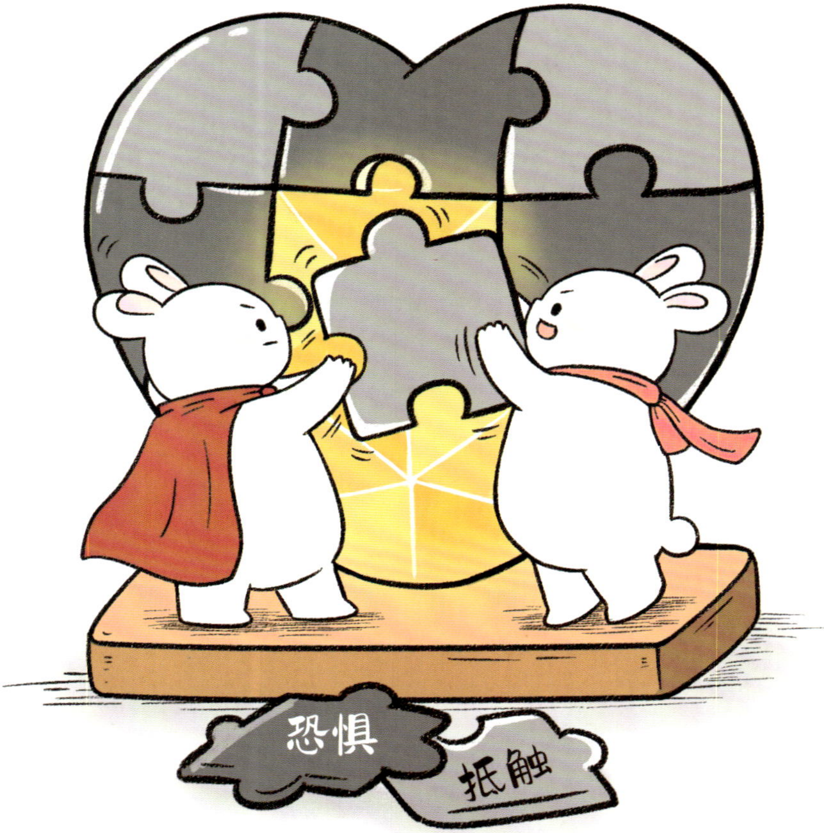

敞开的心扉，不拒绝任何伤害，
因此升不起丝毫恐惧与抵触的怨恨。
心灵柔软且稳定。
内心满满的幸福感。
心灵极深处，
失去了焦虑与恐惧的潜在警觉。
完全开放的心灵，充满幸福快乐。

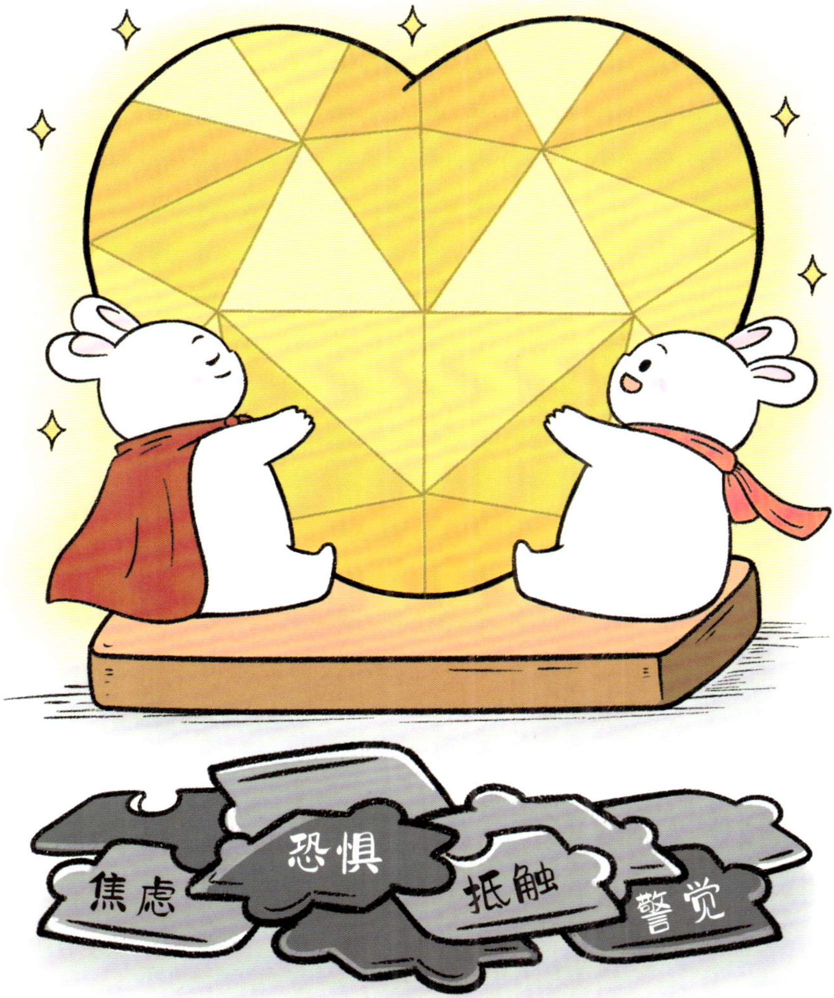

温暖与幸福，
安宁与柔软，
安全与稳定，
是现在最明确的体验。

以爱去包容自我，
以爱去宽恕自我，
以爱去温暖自我，
以爱去取代自我的时候，
外界这个世界，
就再也伤害不到你了。

真正的纯洁，并非是，心灵不染欲望。
一颗无私清白的心，即使牵绊欲望，也是纯洁的。
一颗真实不隐藏的心，即便情欲尚在，也是纯洁的。
一颗温暖利他的心，即便人心纷杂，也是纯洁的。
纯洁，在起心动念的“动机”中。
一颗充满爱与温暖的心，动机中无私坦荡，是真正的纯洁。

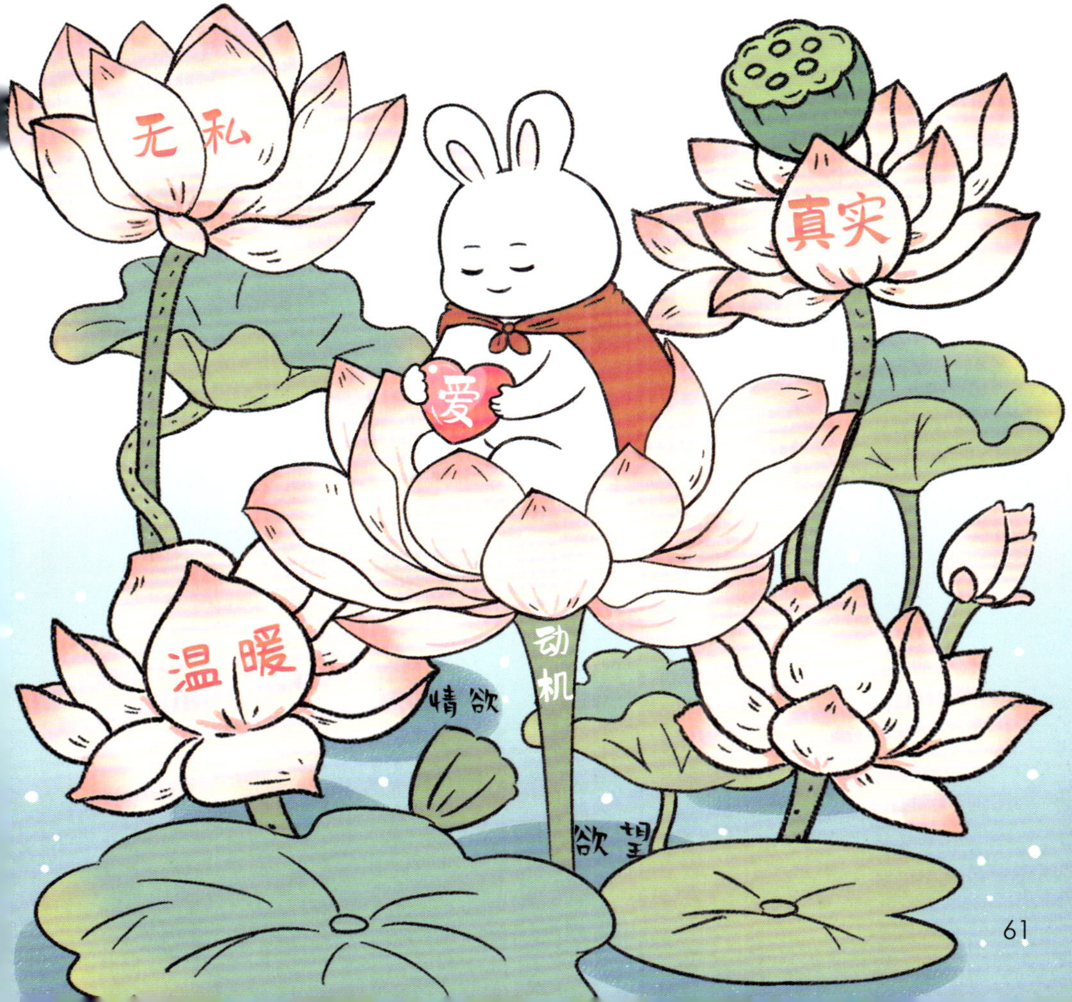

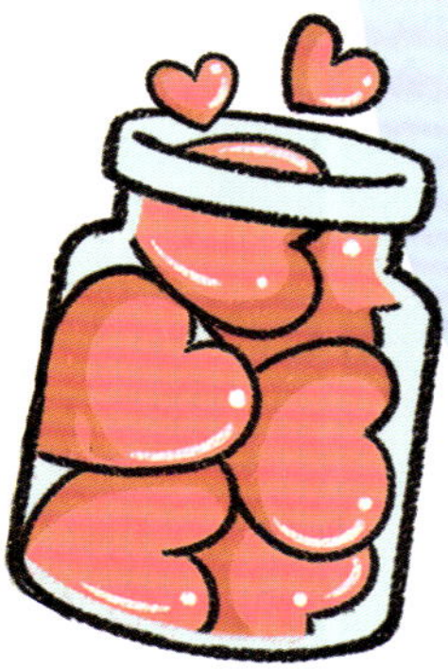

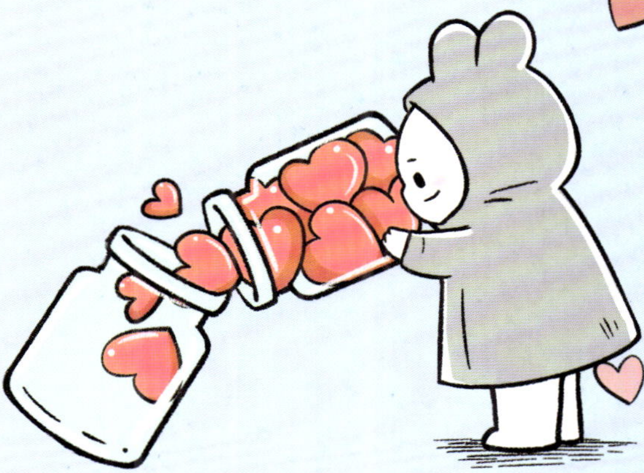

人生啊，有点小迷茫

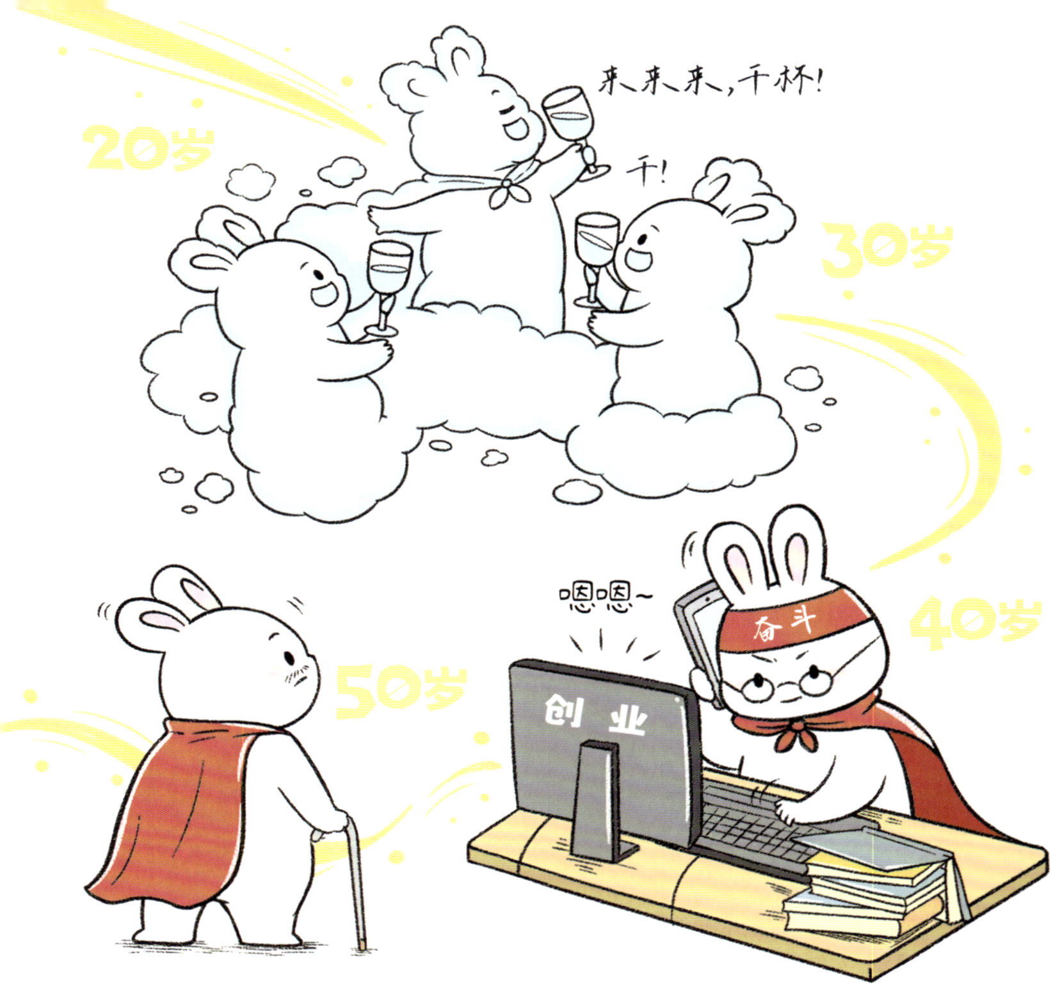

人都会老的，活到50岁开外，回头看看自己这一生，前半生的荣华富贵，众人瞩目，交口称赞，都是浮云掠过，真正能够留住的，属于自己的生命记忆，不过就是真心想做自己愿意做的事情，并且倾尽全力投入其中的生命过程，这段过程才属于自己，这段凭着真心全然付出的岁月，才是曾经活过的证据。

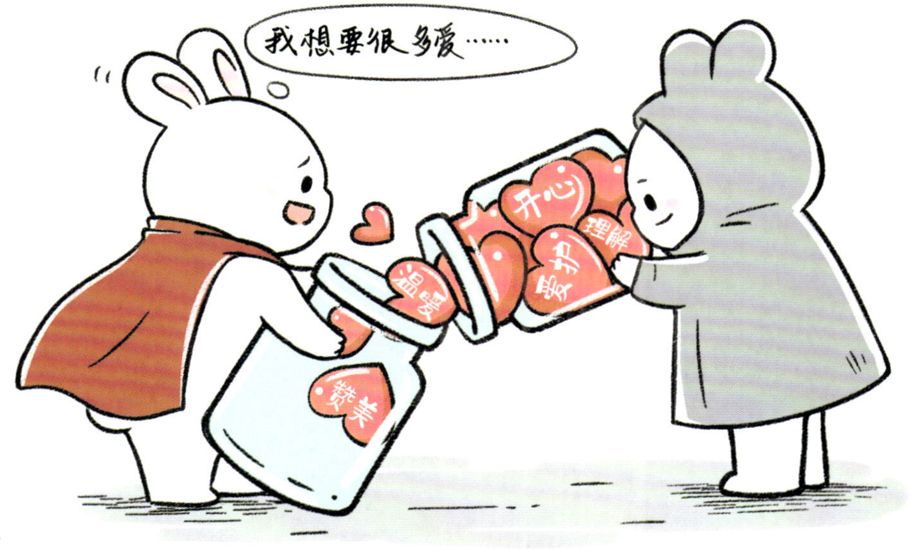

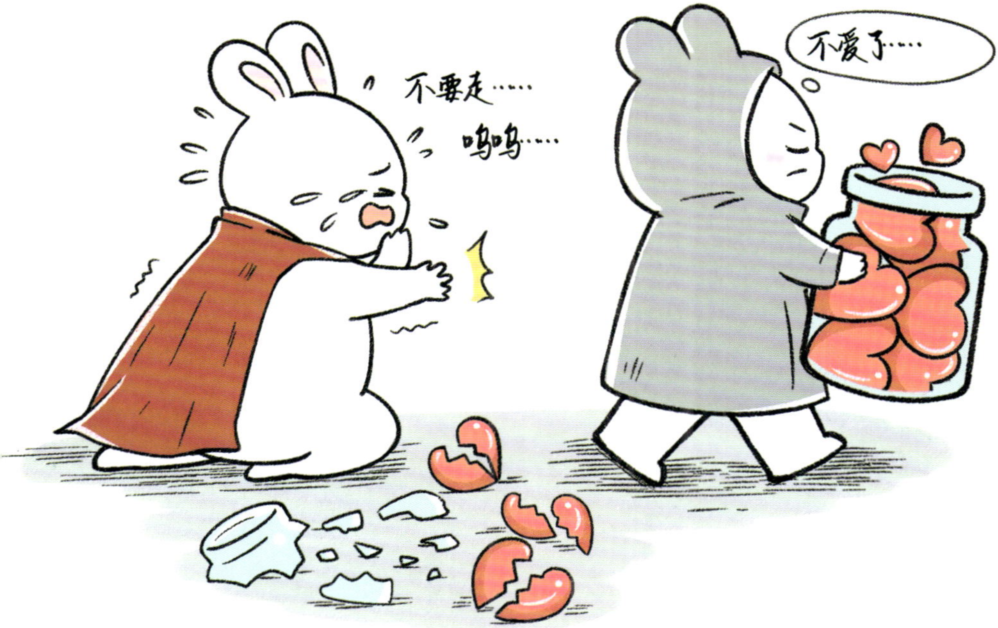

痛苦是如何产生的？
当内心的诉求，得不到满足之时，
痛苦的感受就会滋生。

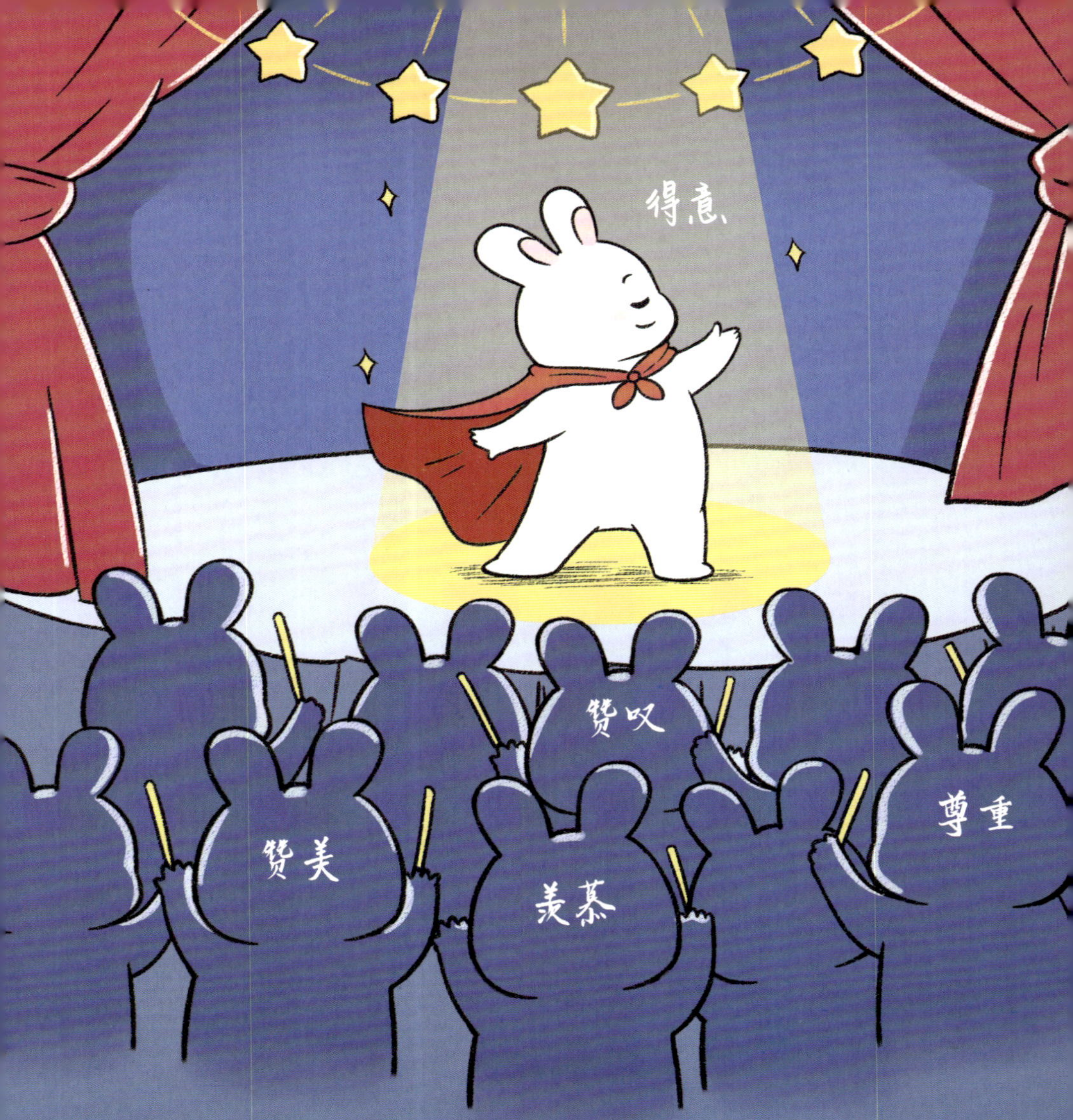

如果，为了获得社会价值，为了别人的眼光而活着的人生，那是属于别人的生活，你将自己的生命，活成了别人眼中的演员，为了其他人的羡慕、尊重、赞叹、赞美而活着，

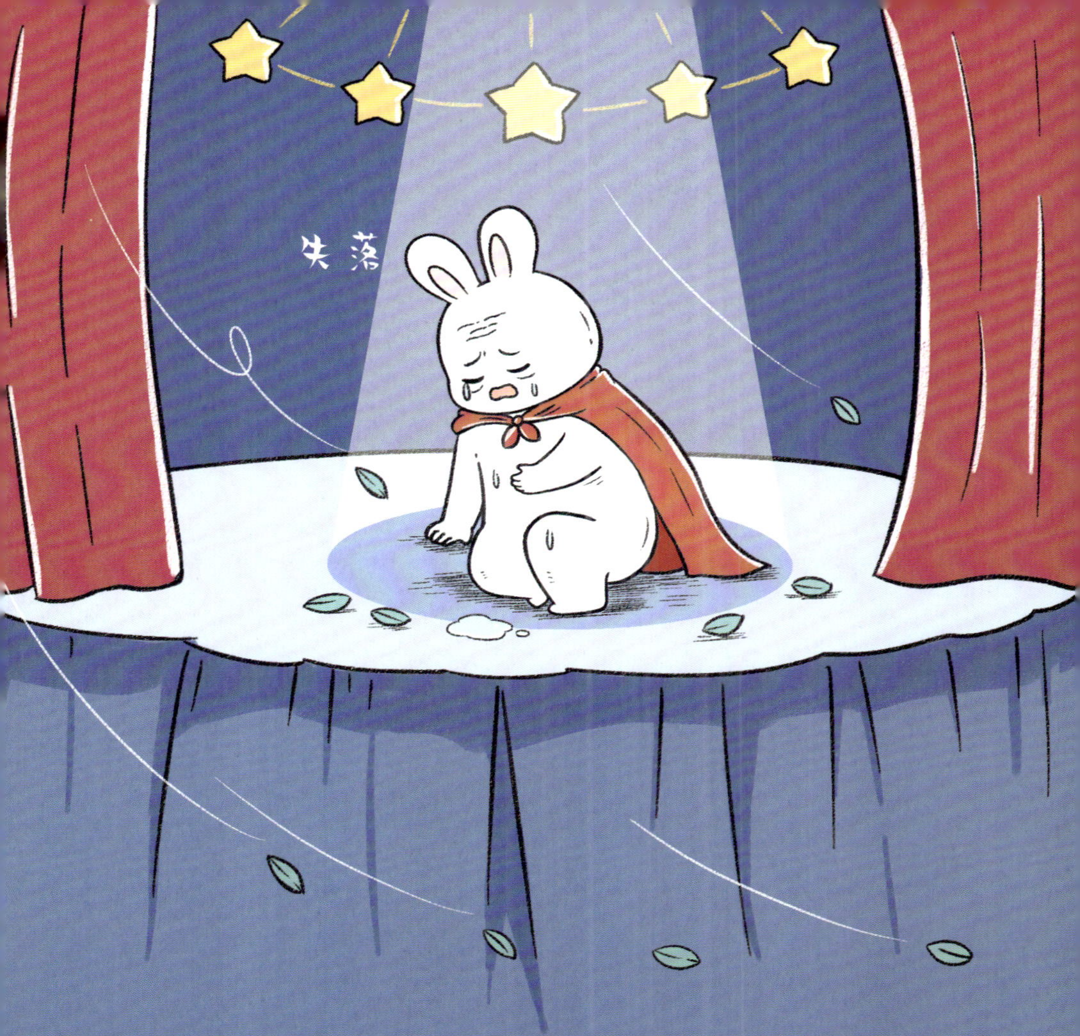

到了年老体弱的时候，你的演员形象被世界遗忘的时候，你会发觉自己一生活得很可怜，没有价值，很空虚，因为你从来没有凭借本心的意愿，为达成自己的心愿而真正燃烧过生命。那么在别人眼中你风光的一生，不过是行尸走肉而已。

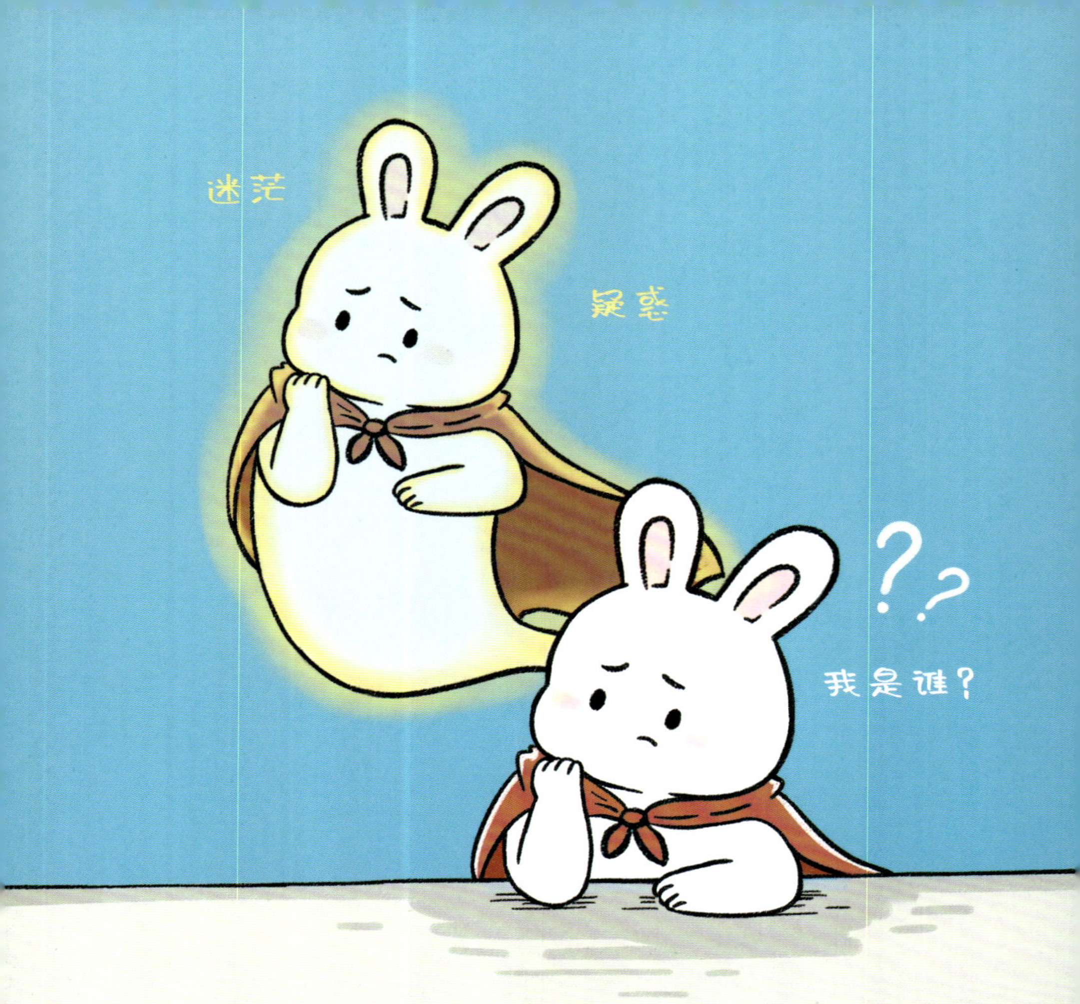

地上的每一个人都会有这样的疑问：
我是谁？我从何处来？将往何处去？
我活着的意义是什么？
这个不是你问出来的，这个是灵魂的疑问，
透过你的心愿，透过你的意识，
表达出来的他的想法，你知道吗？
因为他不是这具身体，他跟这具身体没什么关系的。

去灵魂世界中，
寻找真正的"你自己"吧。
那道，穿越宇宙星河，
清澈安宁的"目光"。

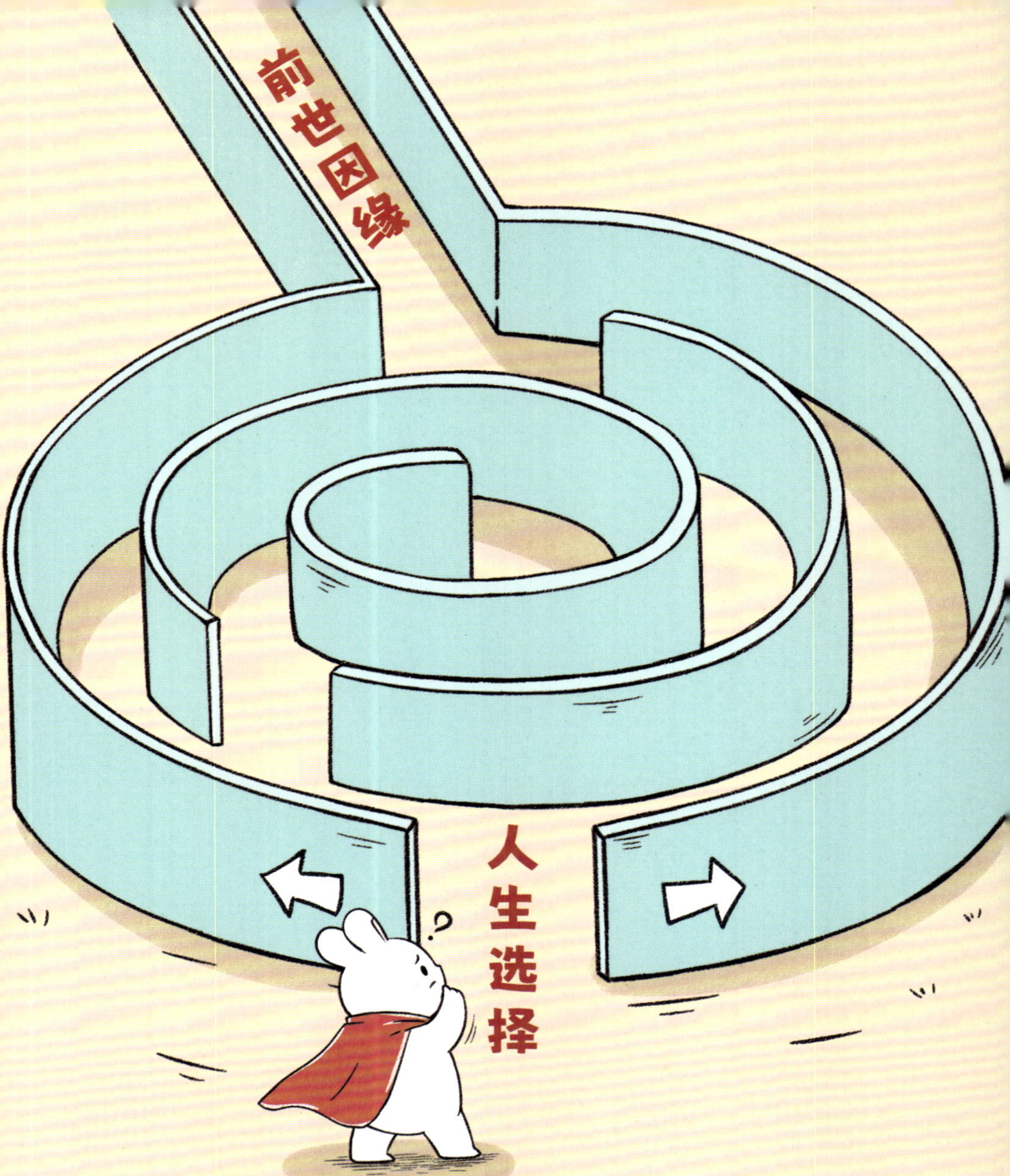

在临终之前，当你的心，回溯自己一生的命运时。你会确定地“知道”，所有发生的，都是被注定的。前世因缘，注定了，今生因果。

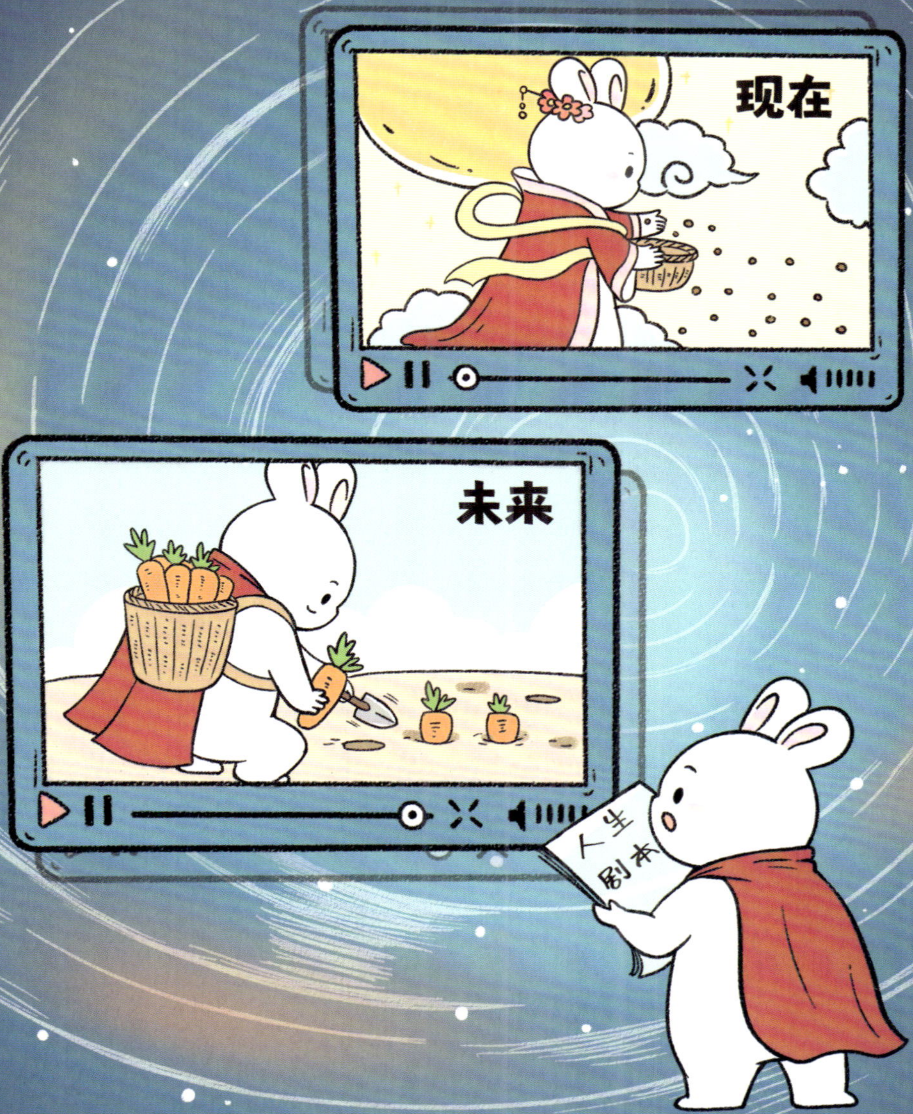

你遭遇到的一切，都是“必定”要发生的，或者说“已经发生”过了，只不过在人间这个物质层面上的空间中，重新上演一遍注定的剧情而已。

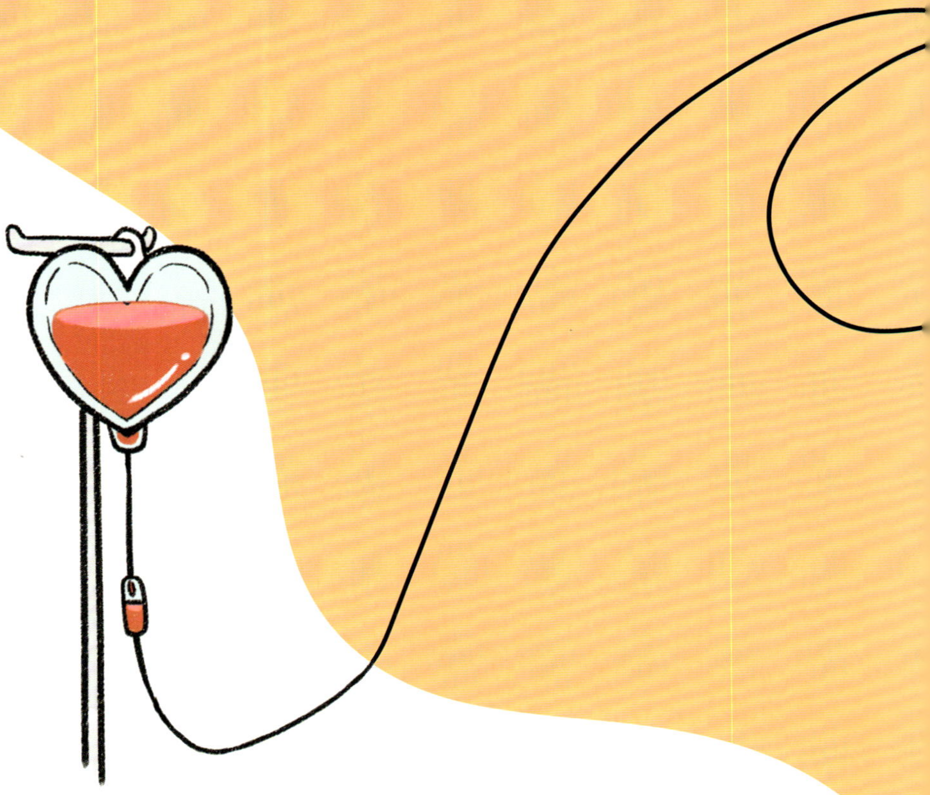

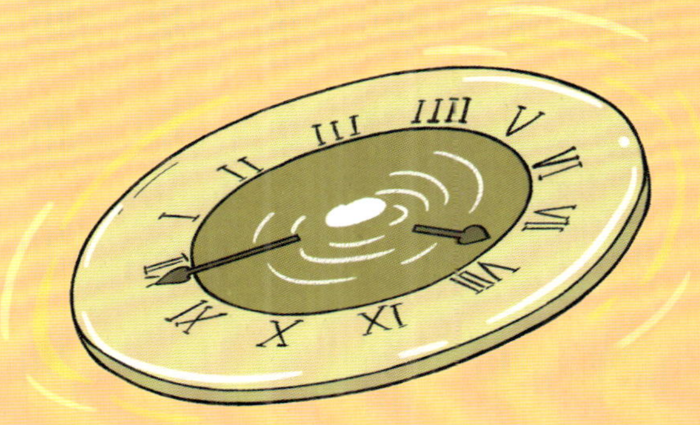

命运，
原来是这样子啊

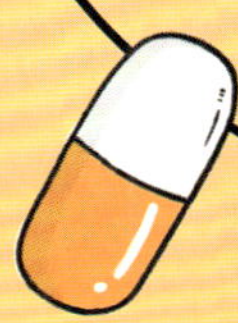

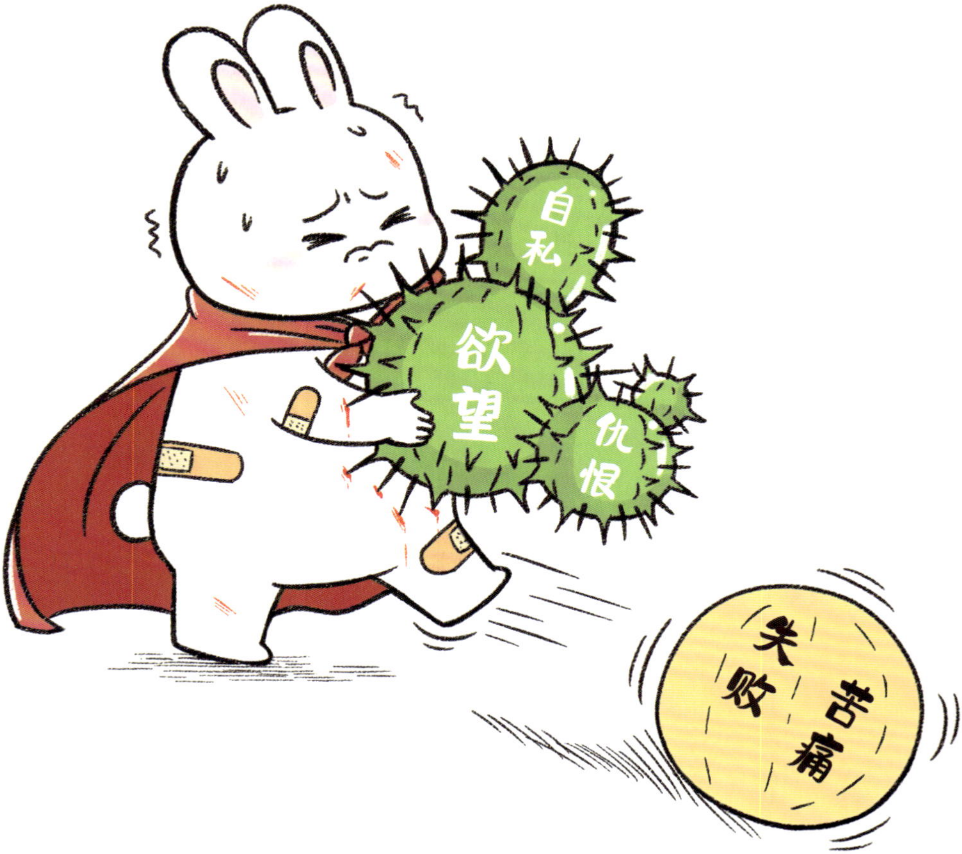

苦难，之所以成为苦难，是因为我们的心灵，无法接受眼前的现实；如果，你以临终前，将要离开这具身体的心态，去看待人间所经历的一生苦难，你会发现，自己一生中经历的所谓的苦难，有百分之九十五以上，都是自己内心的“执着执迷”，所制造的人为障碍。

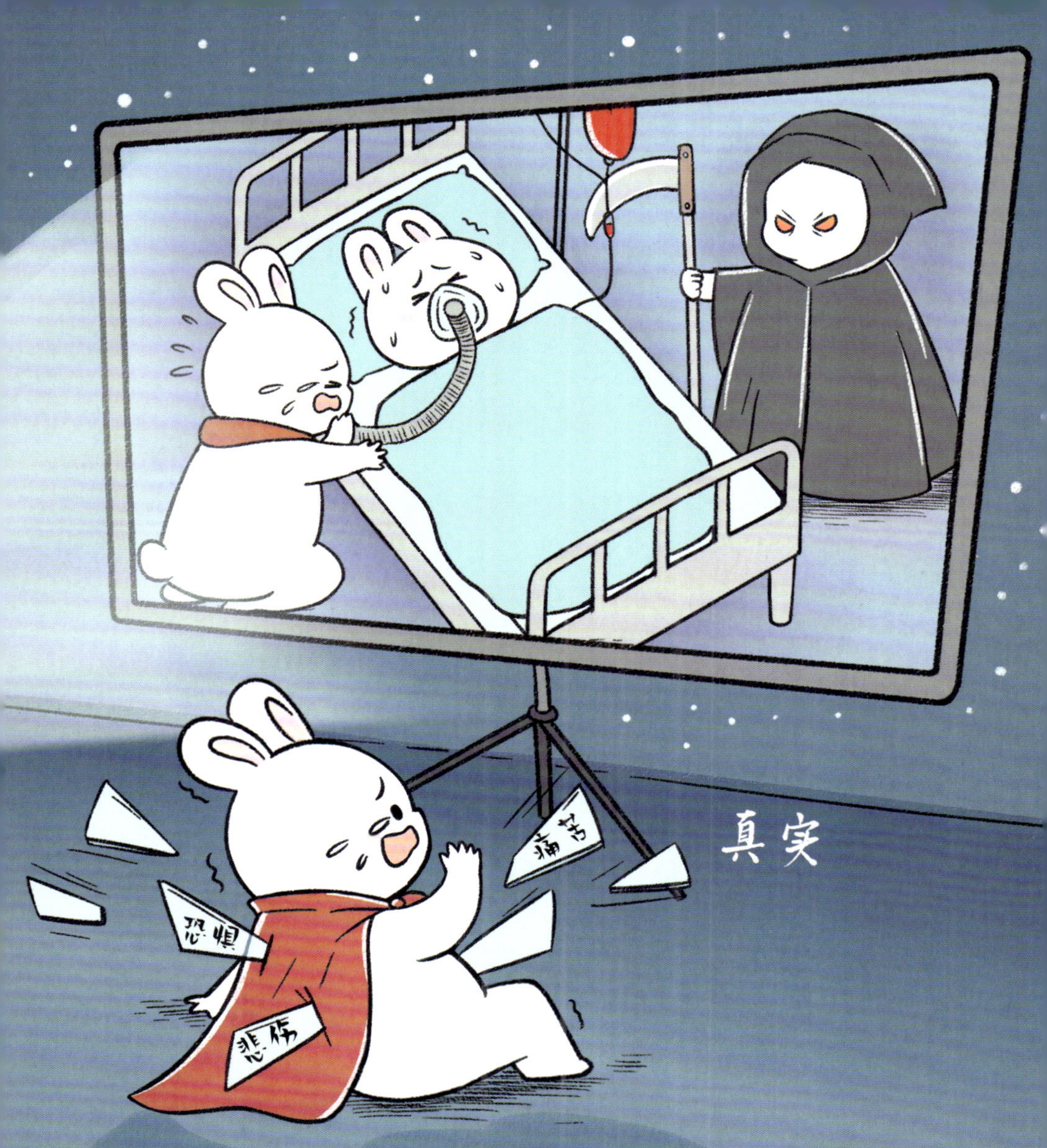

痛苦，之所以成为痛苦，是因为形成痛苦的“理由”真实。如果起因缘由并不真实，那么痛苦的感受，就无法成立。而缘由的真实性，一定源自于，我们内心对“活着”体验的执着。

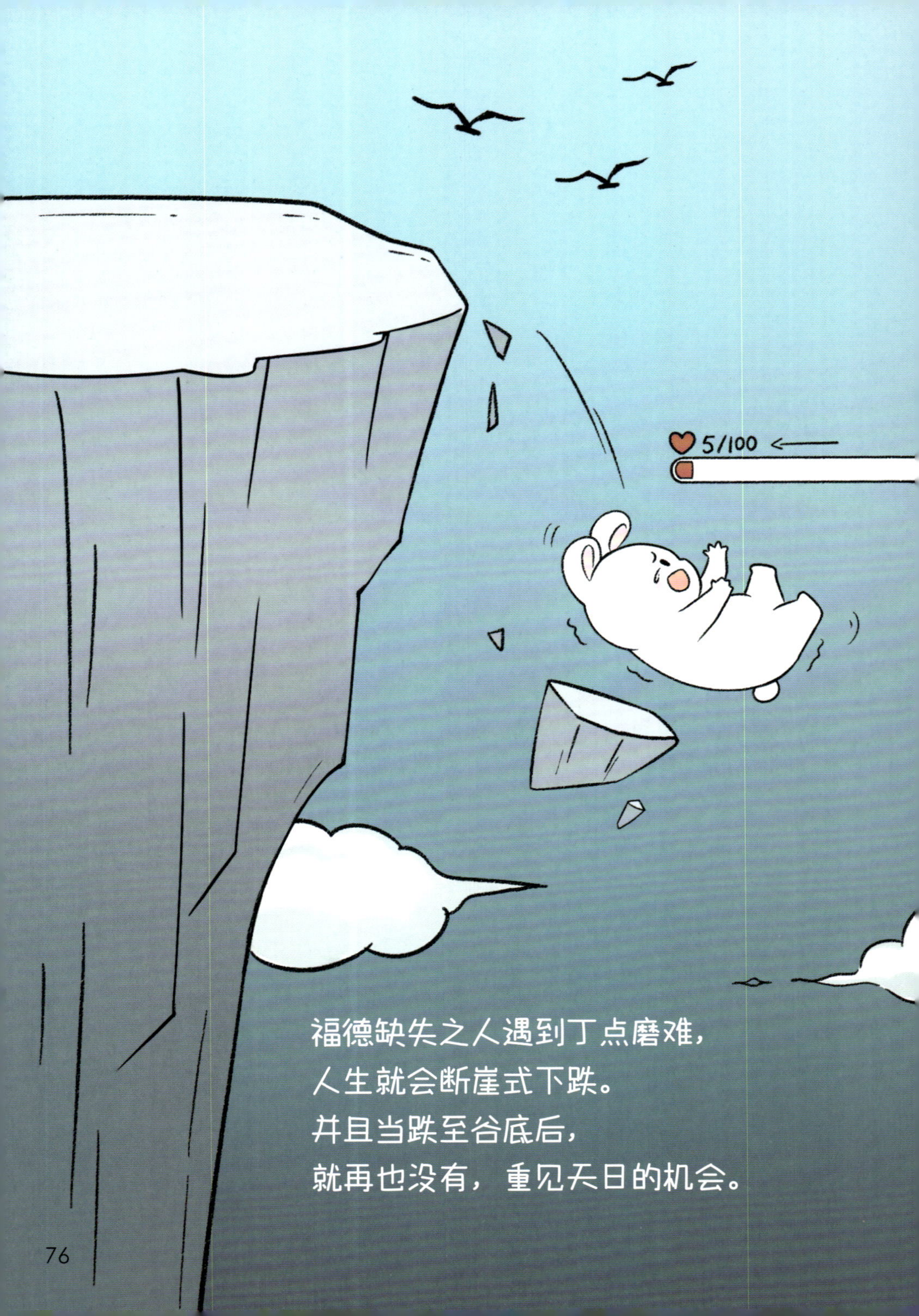

福德缺失之人遇到丁点磨难，
人生就会断崖式下跌。
并且当跌至谷底后，
就再也没有，重见天日的机会。

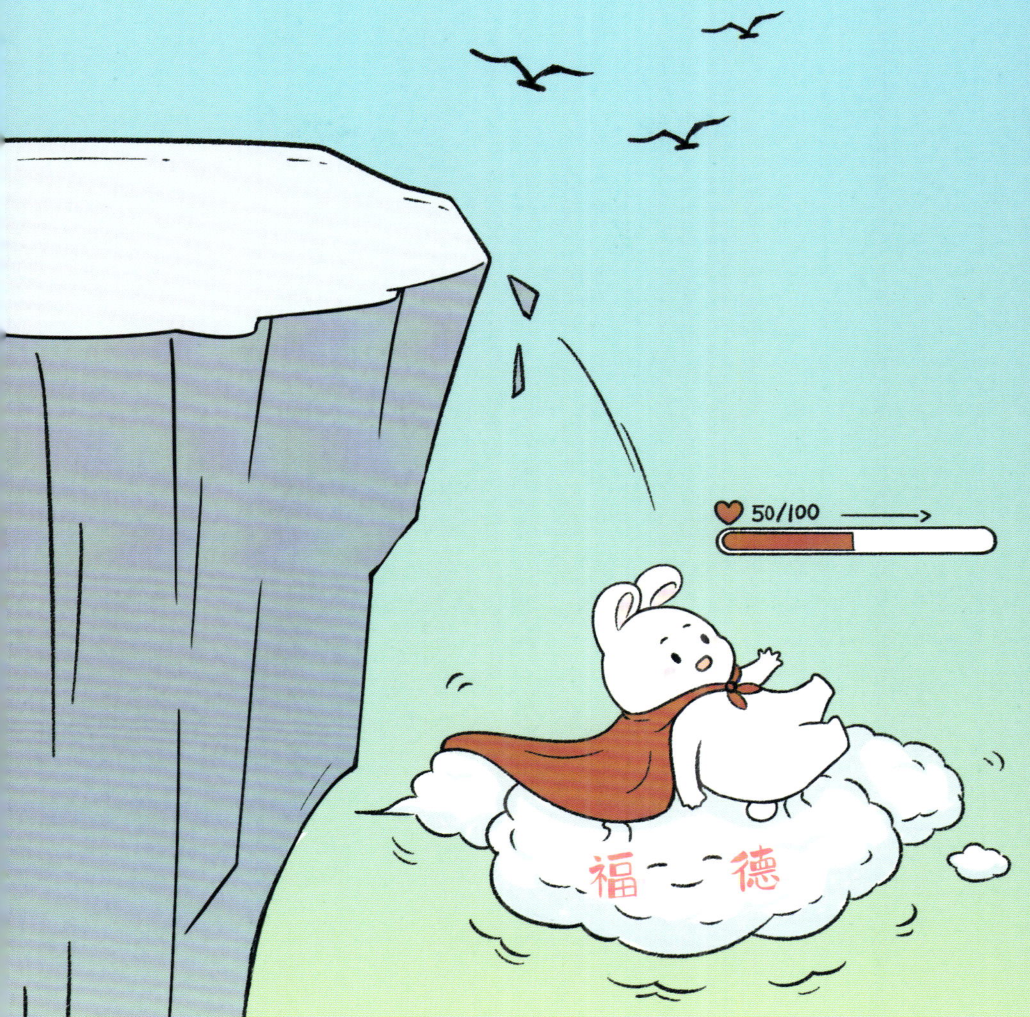

而福德深厚的人，
即便遭遇飞来横祸诸种灾难，
看上去妻离子散，经受着人生煎熬，
也能很快地，化险为夷，遇难成祥。

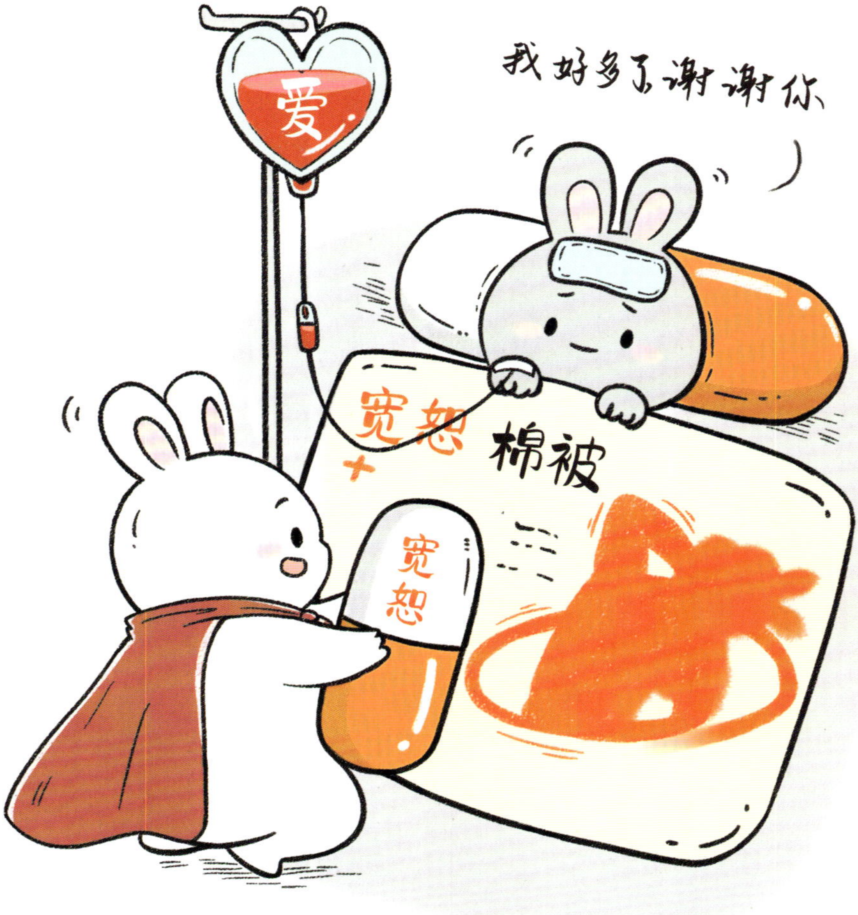

人类病痛的根源，
并非来自于，我们这个时空的层次。
病痛的根源，出自心灵极深境界的，心灵罪咎中。
是过去的因，导致了目前的果。
世界只是果，心灵才是因。
我们通过爱和宽恕，治愈了心灵之因。
也就救赎了，现实生活中的后果。

让你的心放松，
让你的心柔软下来，
让你的心越来越能接受自己的错误，
越来越能宽恕自己的不足。
对自己越来越宽恕，
对自己越来越理解，
对自己越来越能够善待，
你善待自己的一个心呢，
就可以善待社会，
善待别人。

爱可以救赎你，
爱可以融化你过去、
未来的一切前因后果，
爱可以将你今生所亏欠的福报弥补过来。

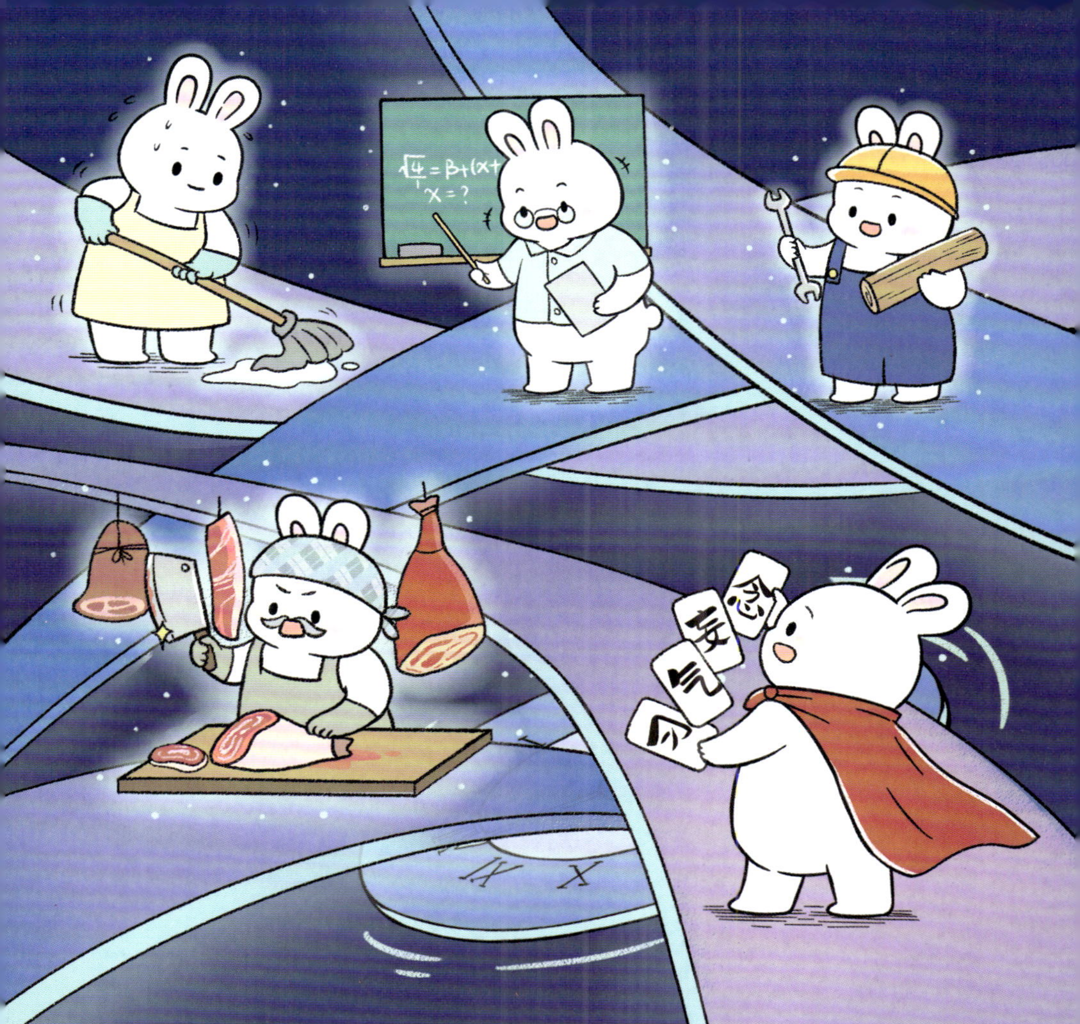

因为心识微观中，生灭相续的妄念习气未曾停止，既然前因没有停止相续，那么，业力凝聚的境界，就会一直延续不停，微观中的习气妄念，就会在不同层次的宇宙时空中，相续形成不同时空、不同宇宙、不同世界中，不同的“你”的生生世世，过去与未来，这就是人类科技目前认识到的“平行空间”。

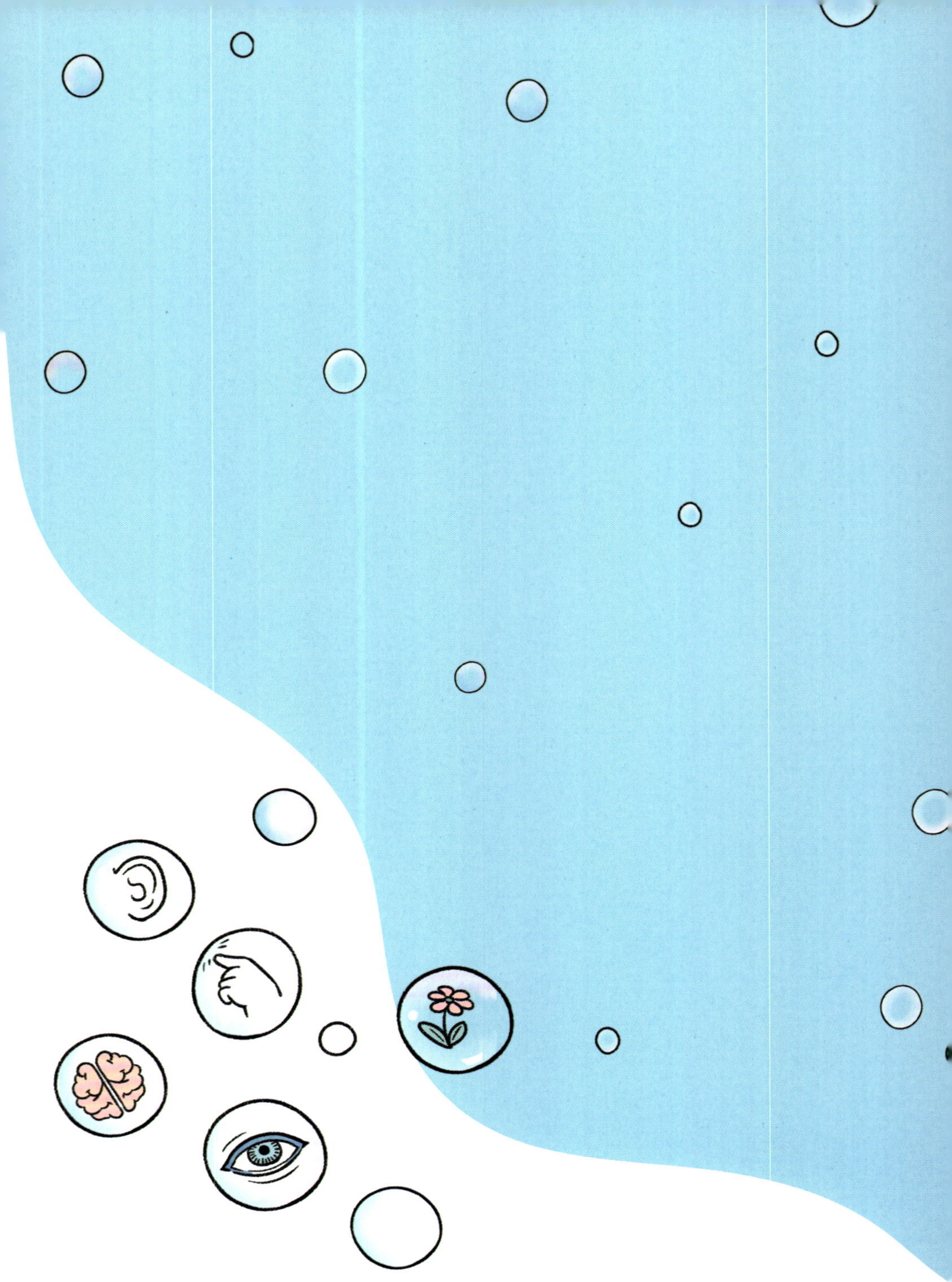

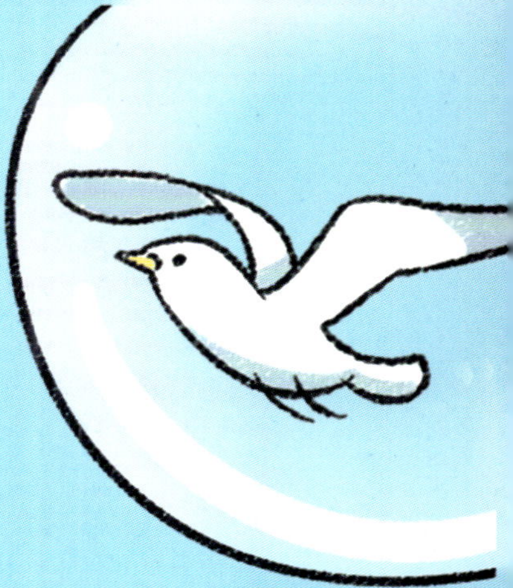

研究研究，

长知识啦

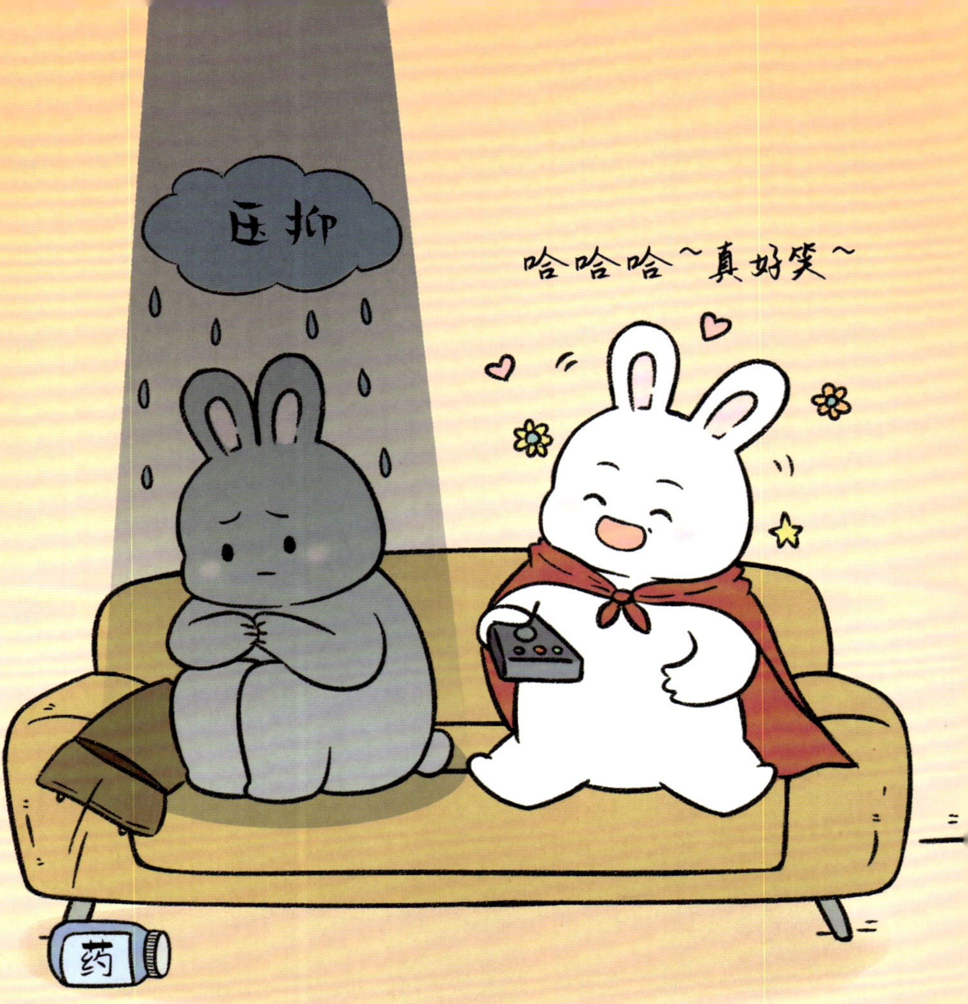

现在抑郁症患者这么多啊，最根本的原因就是，这个人的心识思量心在历史当中，对于黑暗的境界储存得太多了。所以抑郁症患者，你们看起来他表面跟正常人一模一样，但是他内心的真实体验却没有办法跟人沟通的，因为黑暗的体验是没有办法用语言说出来的。

但是他就是永远处在那种绝望的，孤苦无依的，没有任何欢乐、没有任何光明的，孤岛的心灵孤寂当中，却没法跟人交流，这个是抑郁症患者觉得生不如死的最根本原因。并不是他外界缺什么了，他外界什么都不缺，但是他就是觉得绝望孤单，无人可以倾诉，无人可以理解，心灵照不到阳光，感受到的见到的全部都是绝望、黑暗、无助，还有迷茫，这就是抑郁症患者心灵的基本底色。

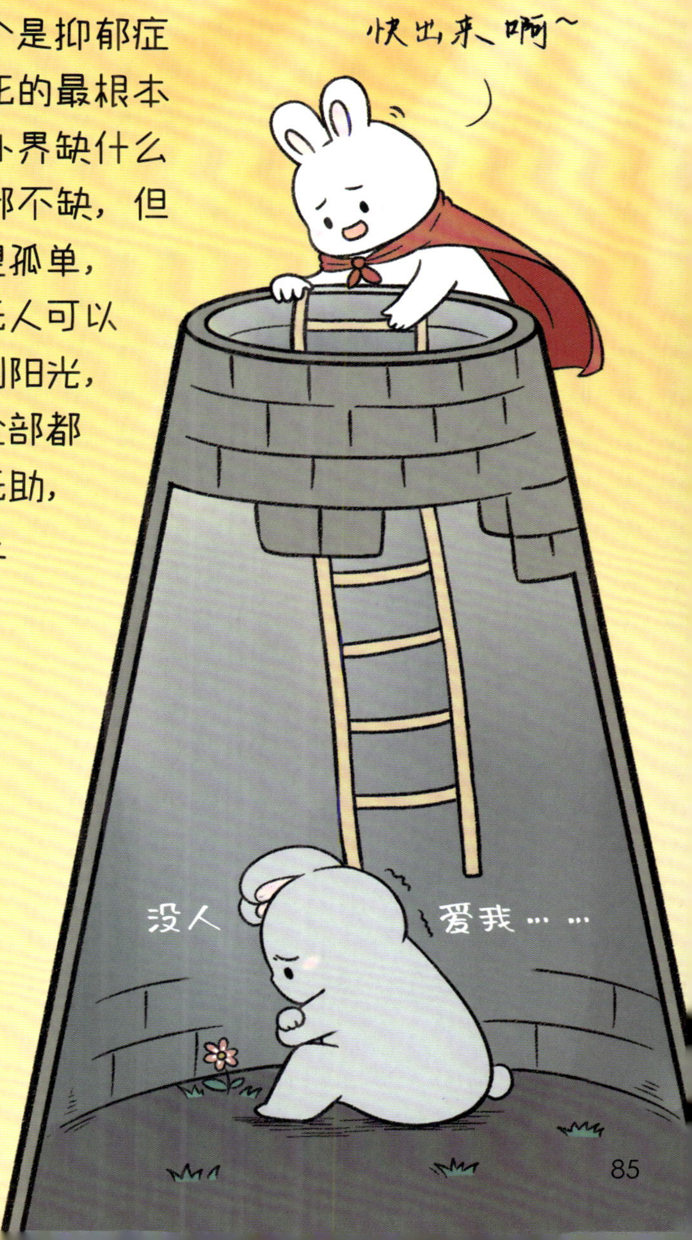

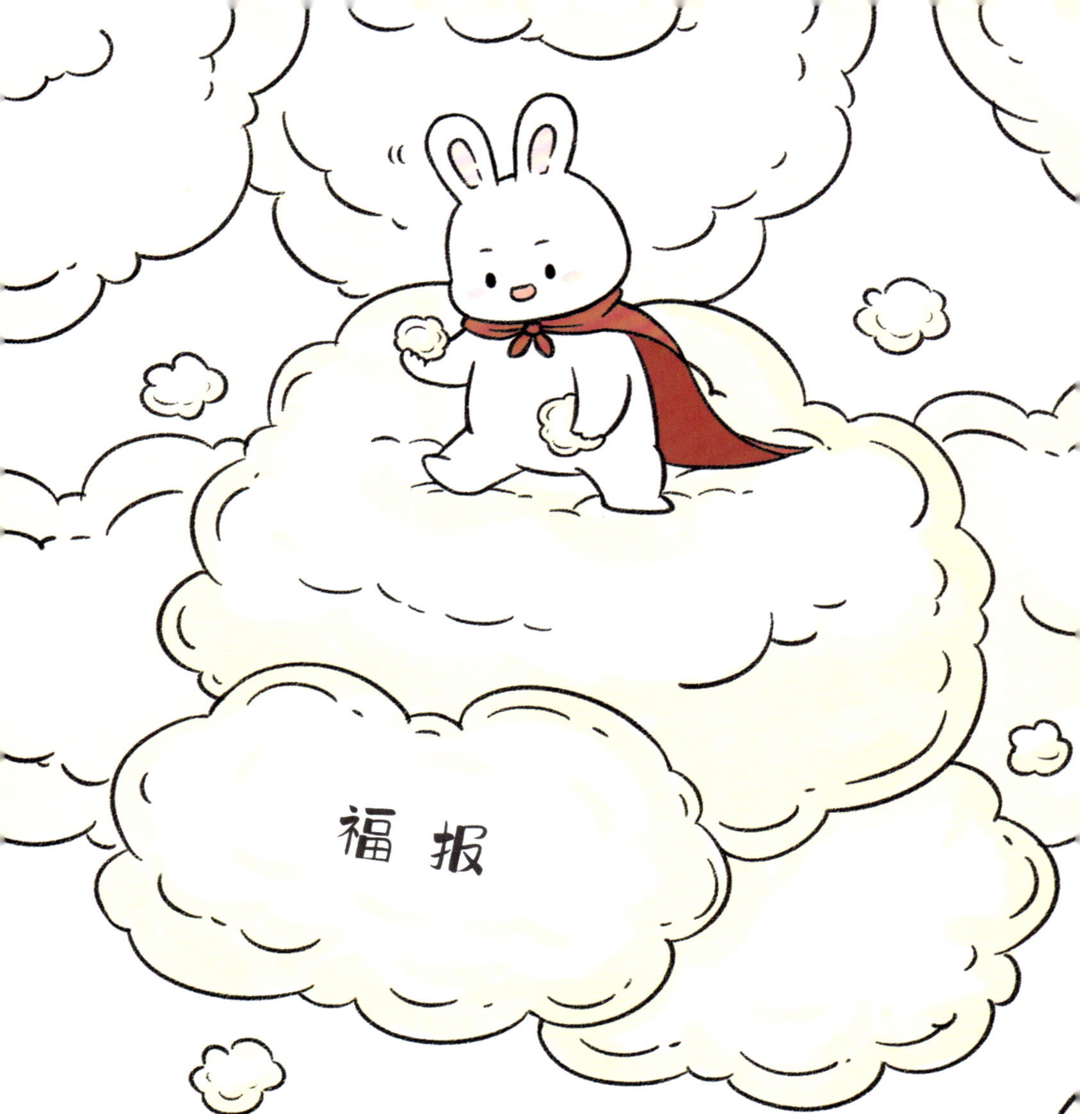

福报

福报的体现是充满虚空的白色云朵，
就好像新疆棉花丰收的时节，
堆满荒野戈壁滩的棉花垛子，
福德的体现就是白色的，
像是棉花垛一样的小山。

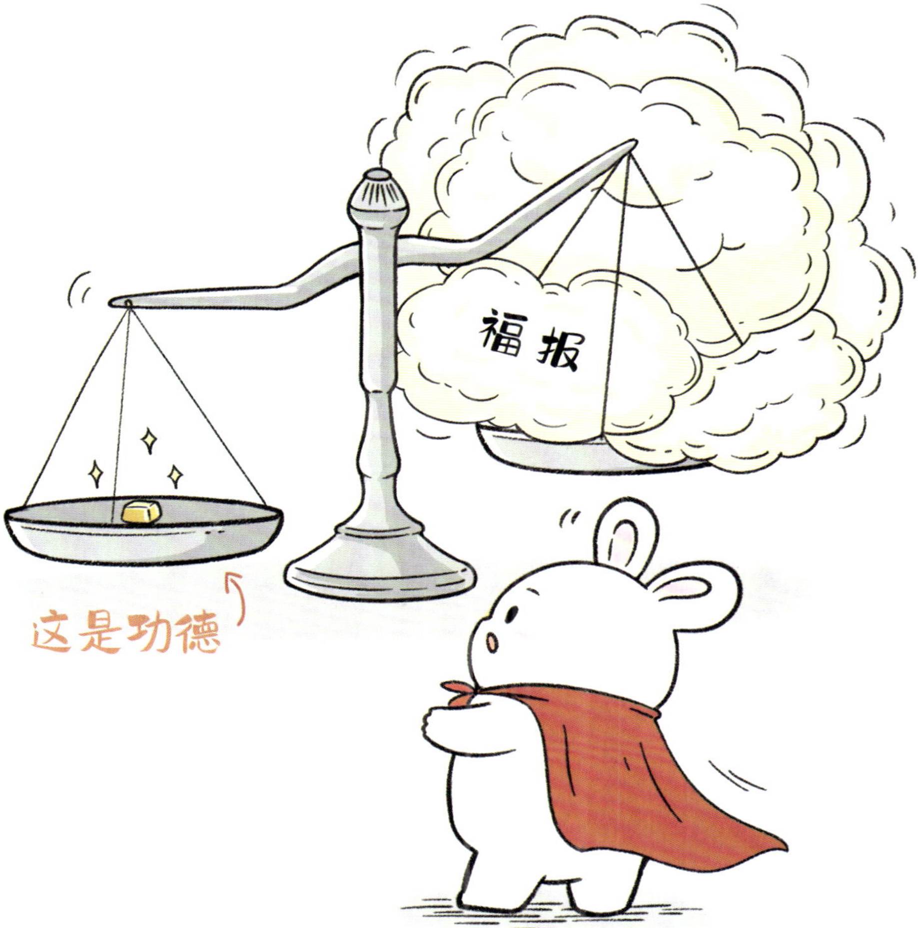

如果非要换算的话，
那么，十亿吨棉花垛子的福报，
也无法换来一微克黄金功德。

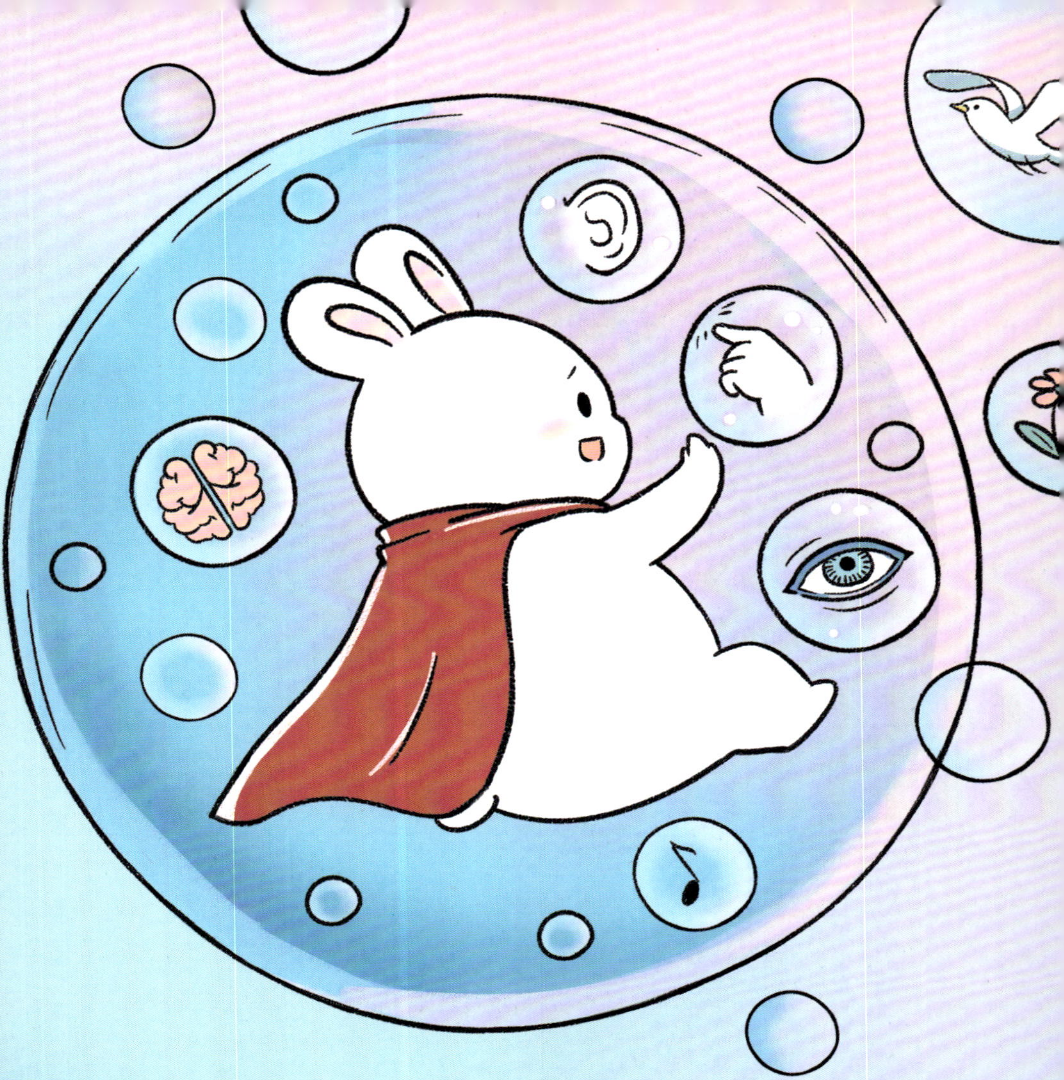

世界名相是由能量聚合而成的，而能量体现，是由更微观的能量微粒聚合形成的，在构成宇宙万物的，微观能量微粒层面深入到“夸克”这个细腻的能量层级时，夸克微粒，在五十万分之一秒内，就会生灭一次，

也就是说，我们生活着的这个空间，生存着的这个地球，我们眼睛所见、身体所触、耳朵所听、意识理解到的一切，都处于刹那生灭的状态。

我们认为的“客观物质现实”根本就不存在。存在的，只是人类，对于“存在的心意认知”。

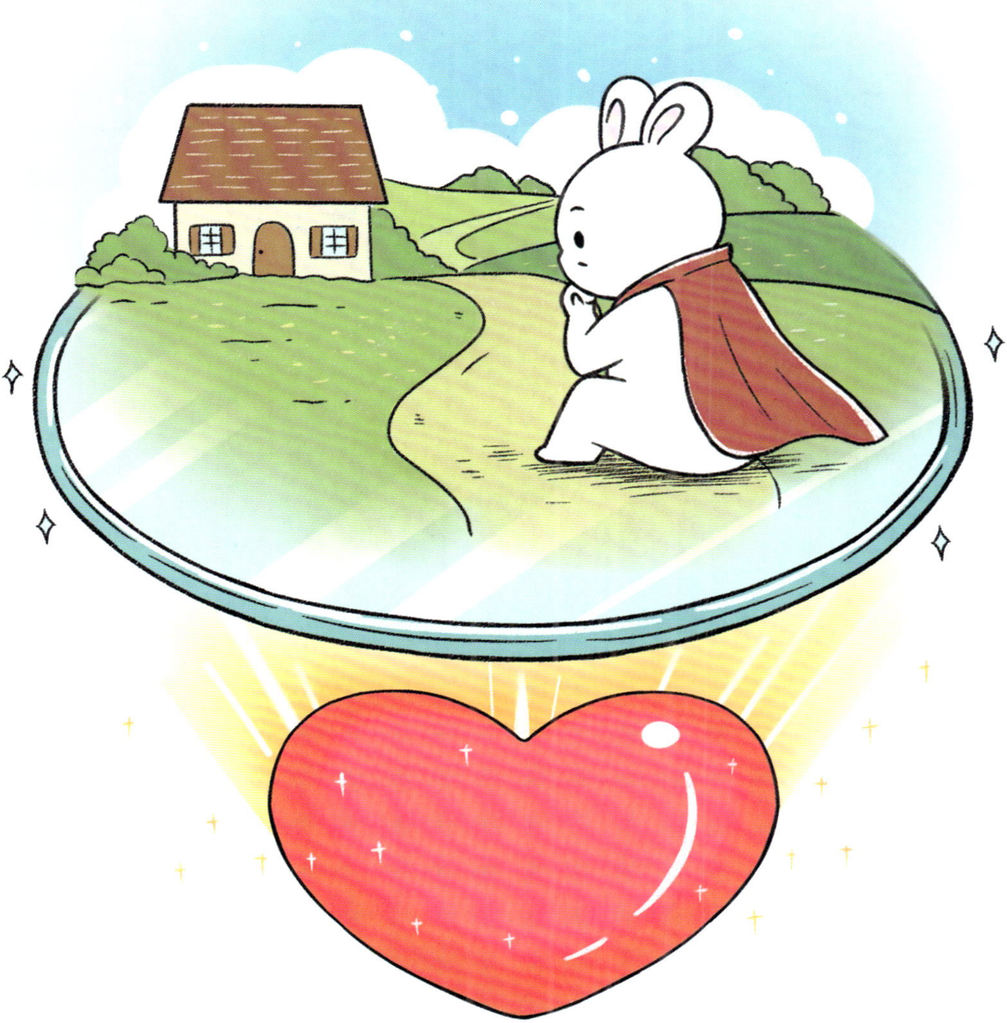

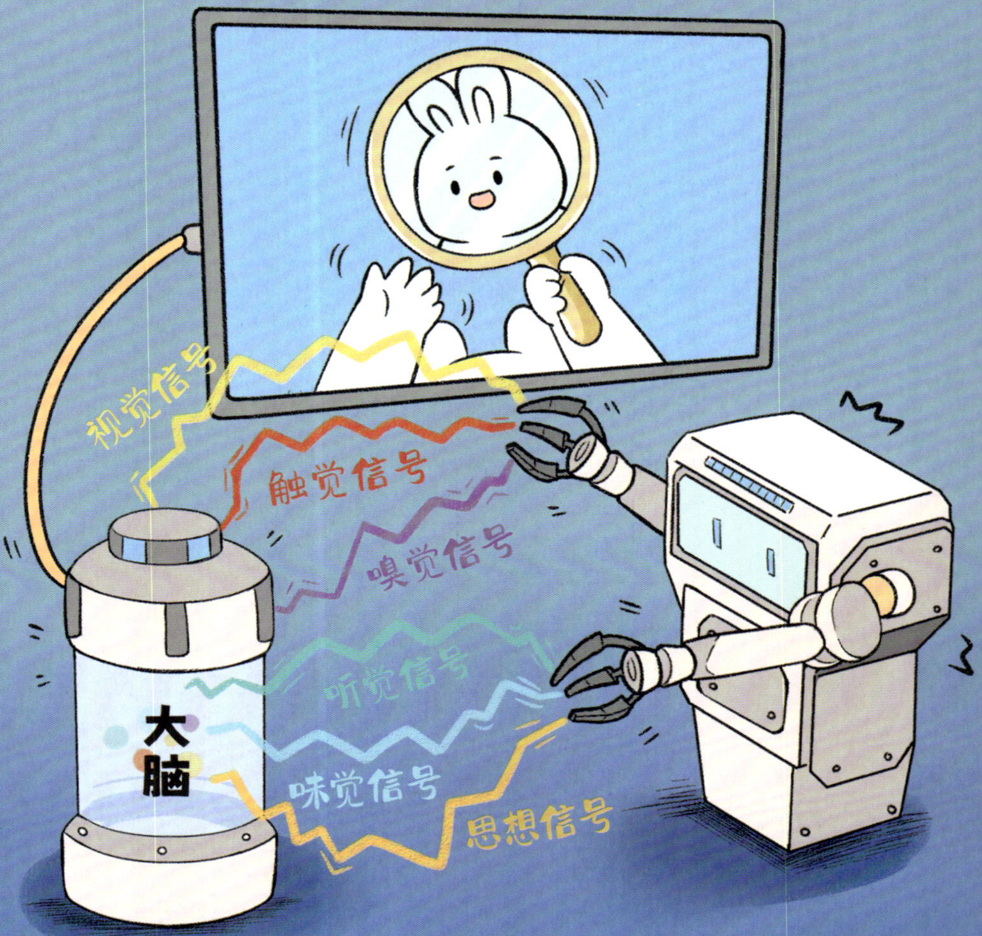

你眼睛看到的世界，是光线折射投射在视网膜上形成电信号，电信号通过脑神经传输到大脑皮层，经视觉中枢处理分析，形成你所“看见”的图像。

其实你的眼睛，什么都看不见，什么都没有看见。

真正“看见”景象的，是你心灵对眼睛摄取光电信号，长久以来形成的信息分别“记忆”，你的“看见”，是在心中，而不是在眼中。

大智慧是无相的，人的眼睛看不到，
意识无法理解，感知无法触及，
但是却渗透在感知、意识和身心当中，
无来无去、庄严普照的祥和。

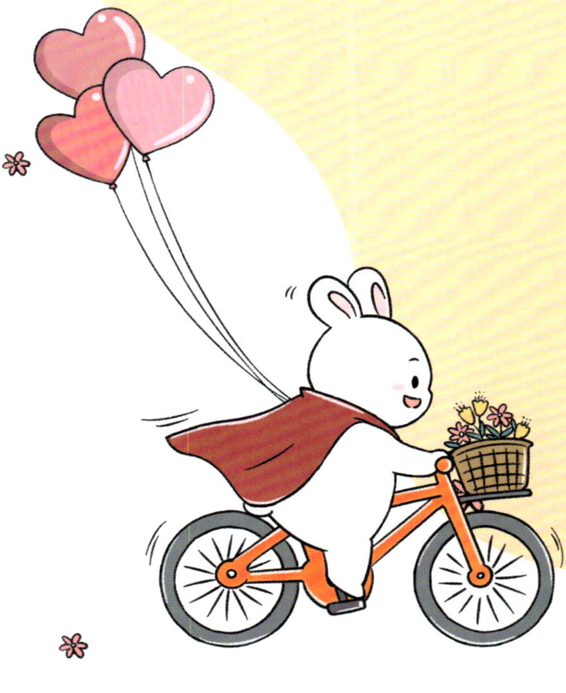

万万没想到

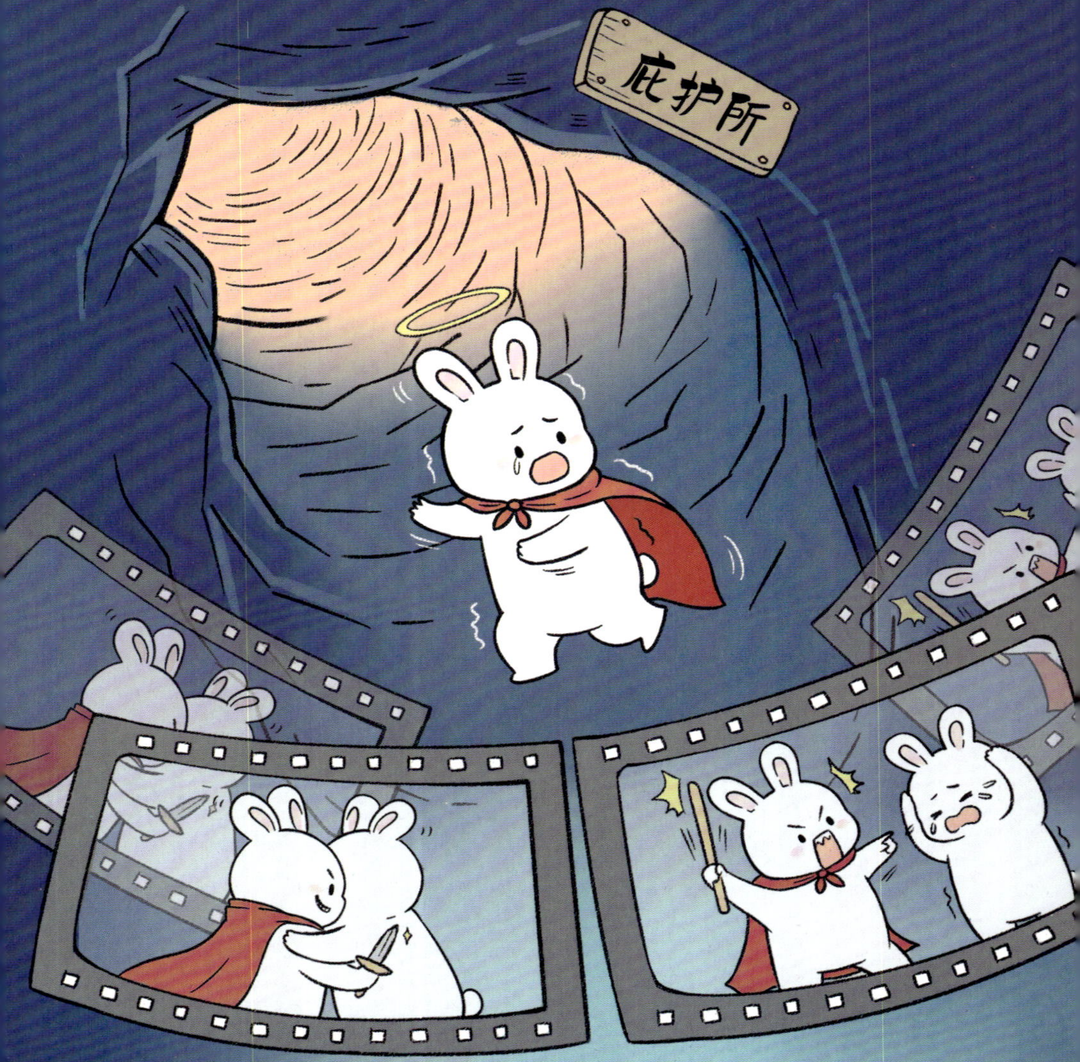

你今生做的亏心事，导致的情感内疚，
会幻现出黑暗深邃的地狱，
地狱对于灵魂，有着强大的吸引力，
灵魂的内疚与恐惧，本能地向着地狱走去，

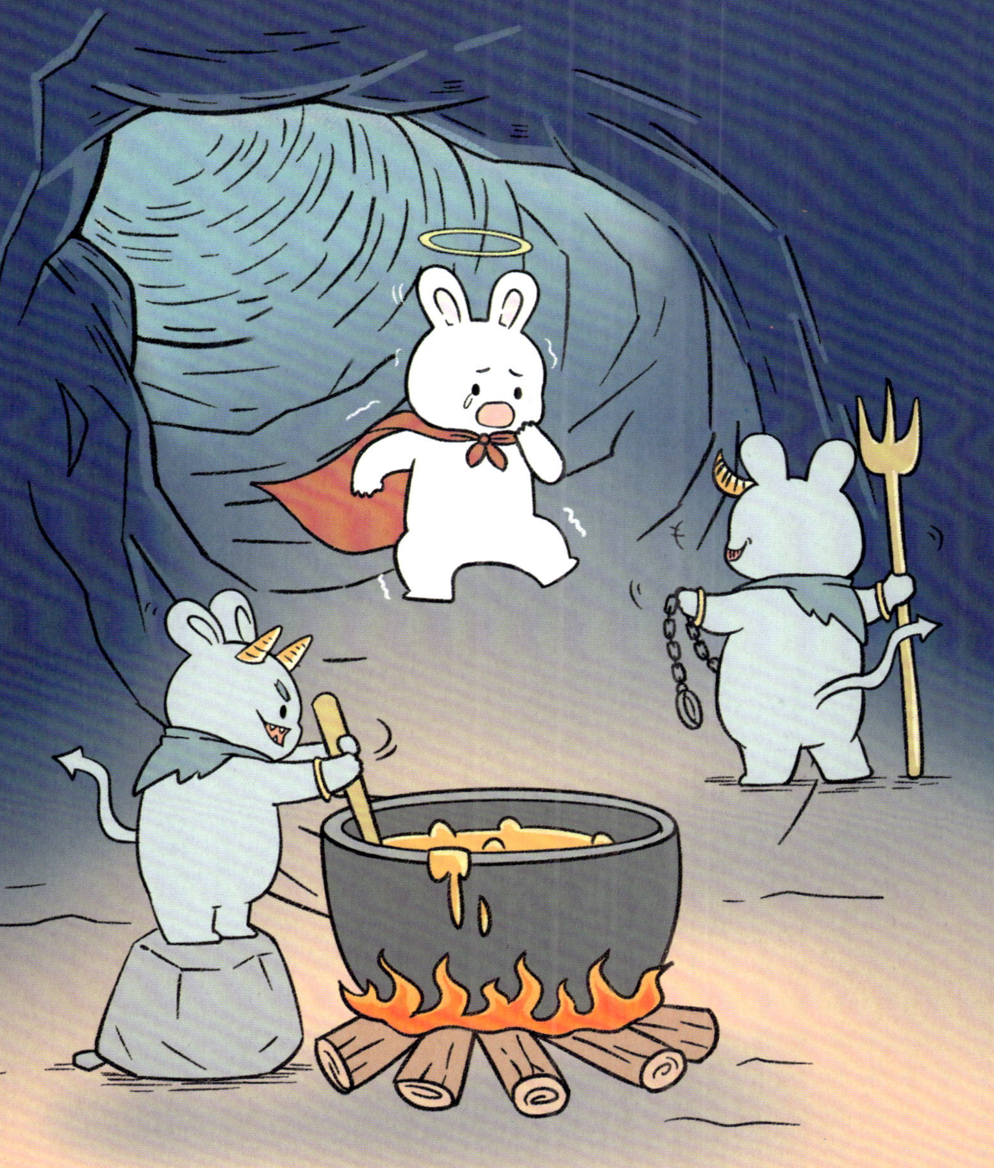

因为你看到的不是黑暗，
而是能够遮蔽你内疚的庇护所，
你只是想本能地躲避内在的愧疚而已。

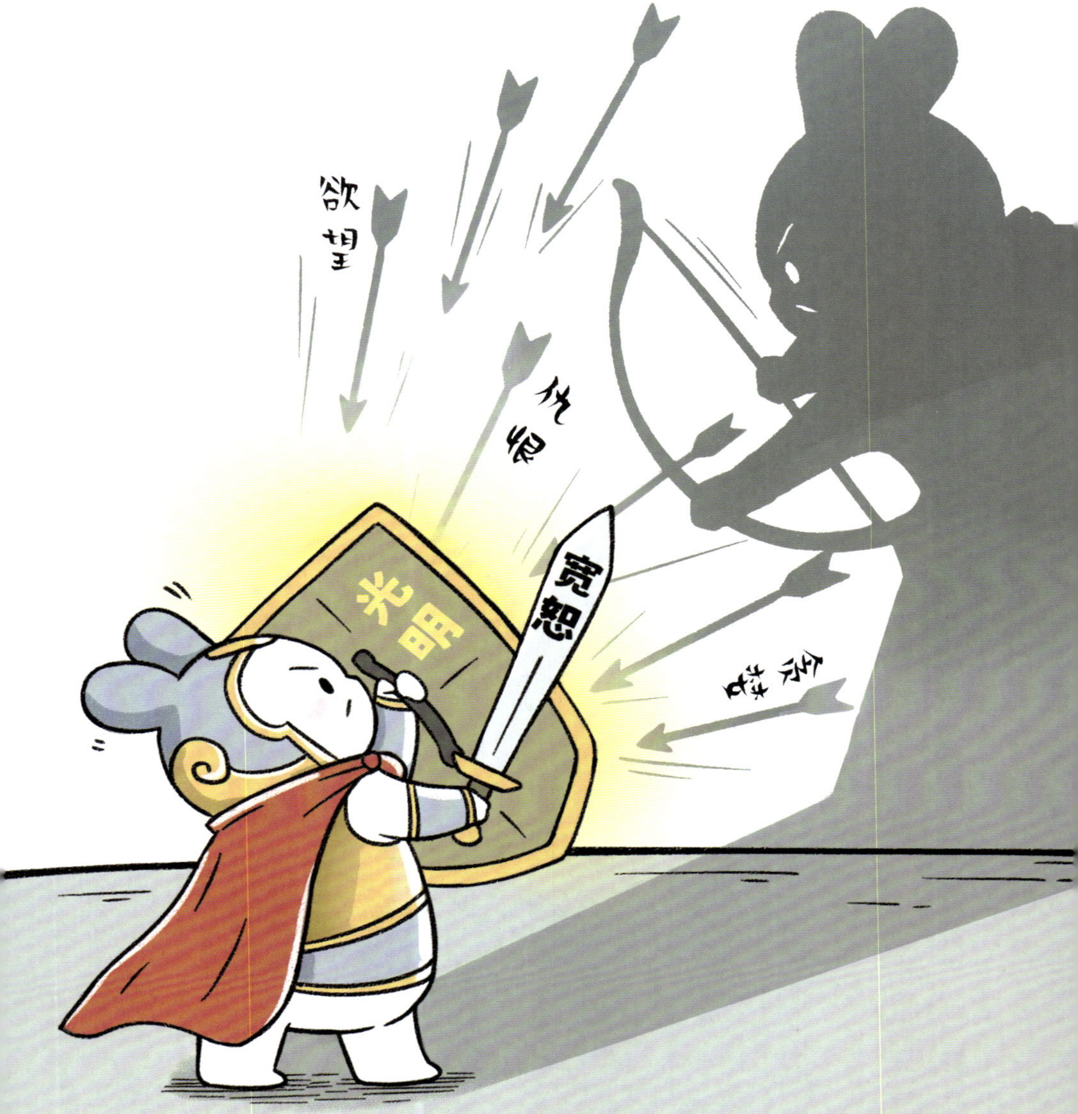

我心底里面的敌人，一定是我心识对自我维护而投射出来的一个对境而已。如果我内心里面，没有对自我利益价值和自我感受的维护，外界就没有一个伤害得了我的人，也没有一个对于伤害我这个人的刻骨的记忆。

无咎之心，不受罪责。
内心没有罪恶，没有愧疚，
没有阴暗，没有自我维护的心，
是感受不到这具身体痛苦的。

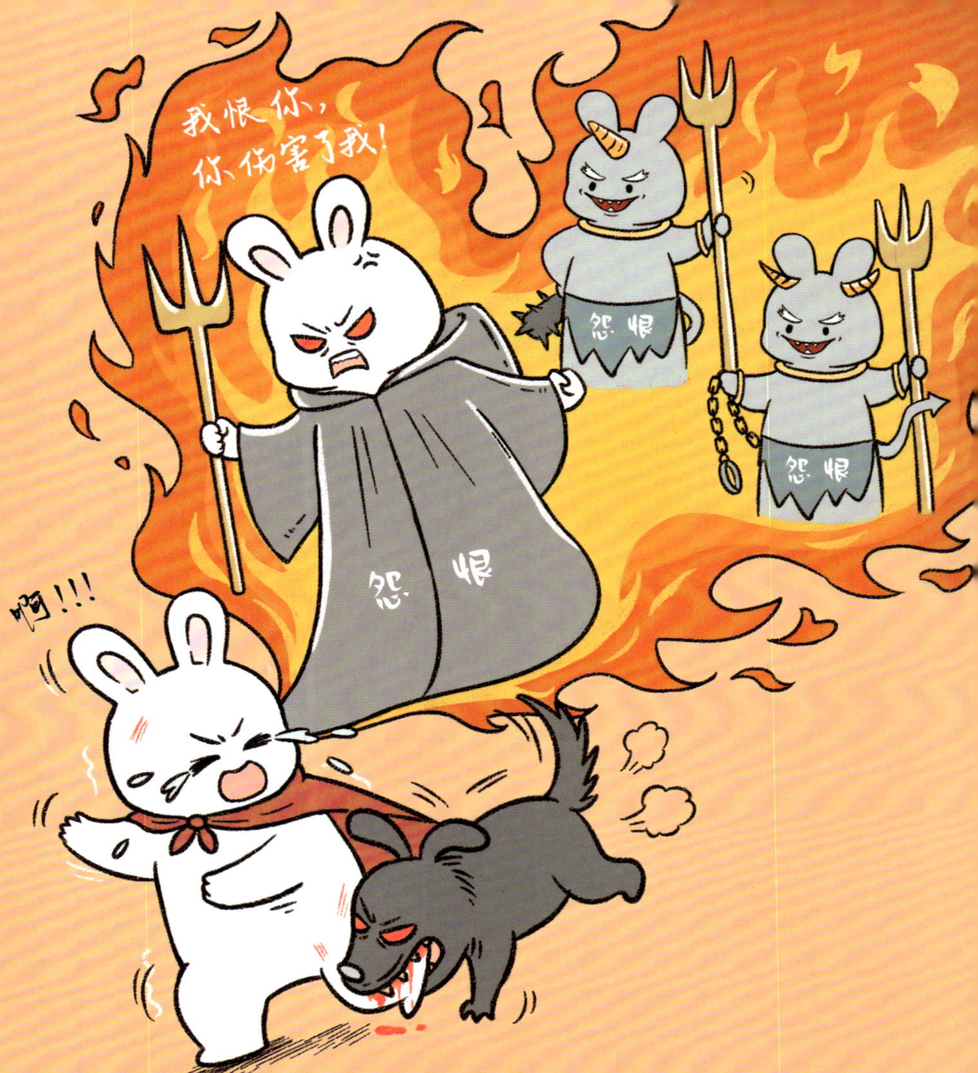

人的感受，当这种愤怒升起来的时候，他跟人的怨恨啊，很相近的。愤怒不可怕，知道吗，怕的是怨恨。怨恨一定有一个主观的人格自我在里面，就是“我恨你，你伤害我了，所以说我对你很记恨”，这种记恨就会形成地狱的。

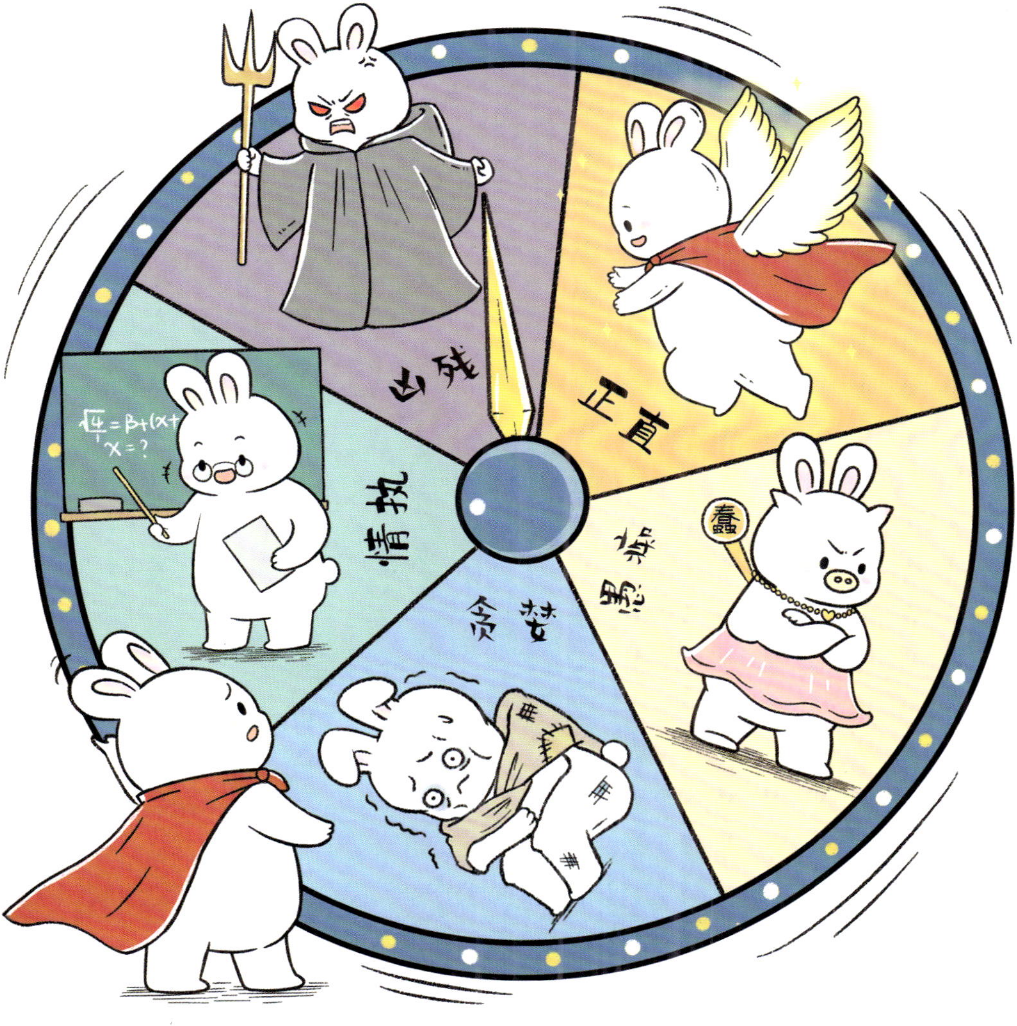

贪婪吝啬的心，造就你成为饿鬼道众生。

阴毒凶残的心，造就你成为地狱中恶鬼。

善良宽容的心，你的爱，造就了温暖天堂。

正直清廉的心，你的公正，造就了天界诸神。

善恶参半的心，你的欲望情执，造就你成为人类。

爱欲深重的心，习气体验造就你，成为畜生道的动物。

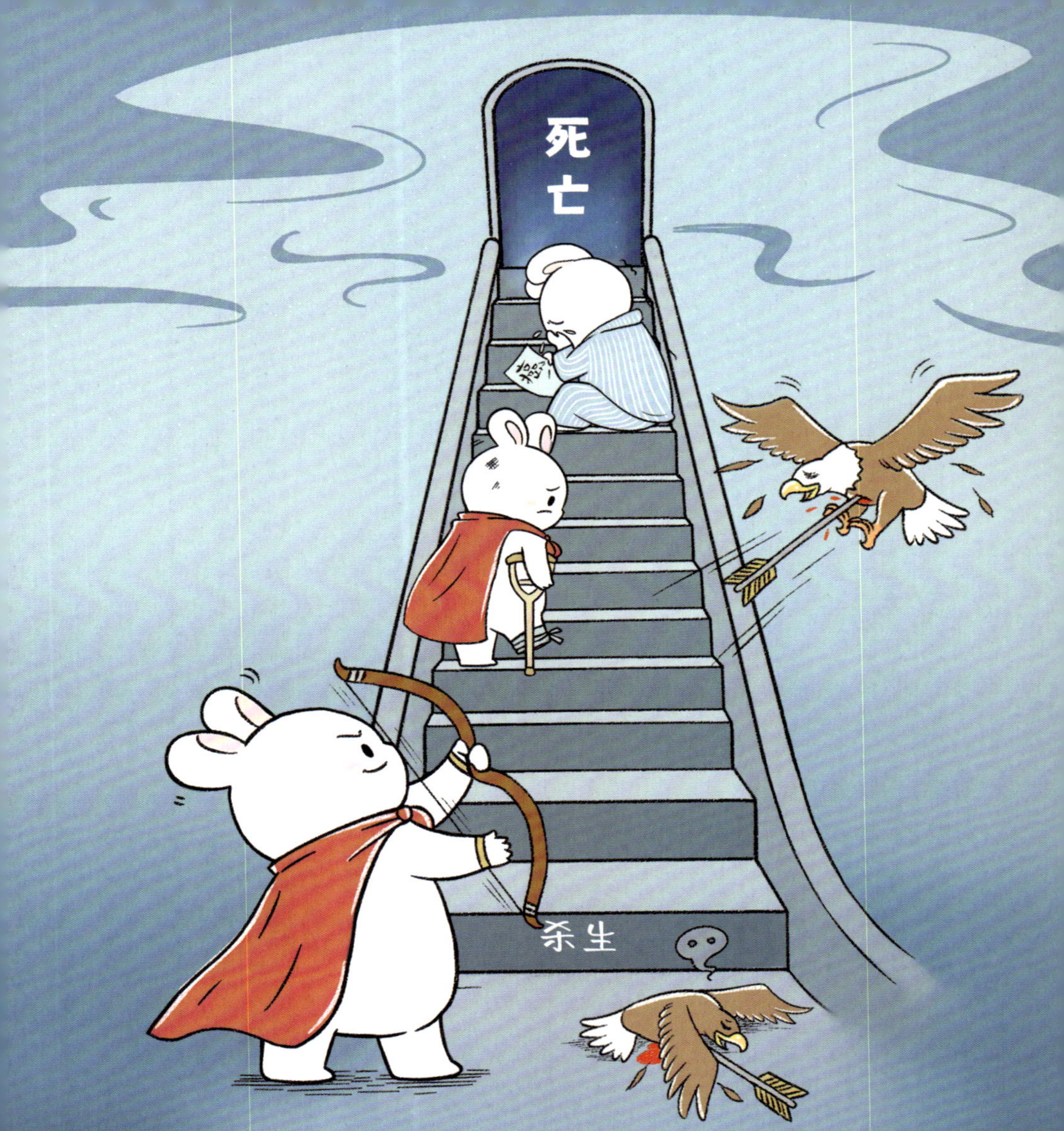

心灵中的“恶”念，比起杀生造就的恶业重千万倍！杀生会造下恶业，会招致病痛，癌症，死亡，残疾。这些属于业报，通过生理上的痛苦偿还完就结束了。

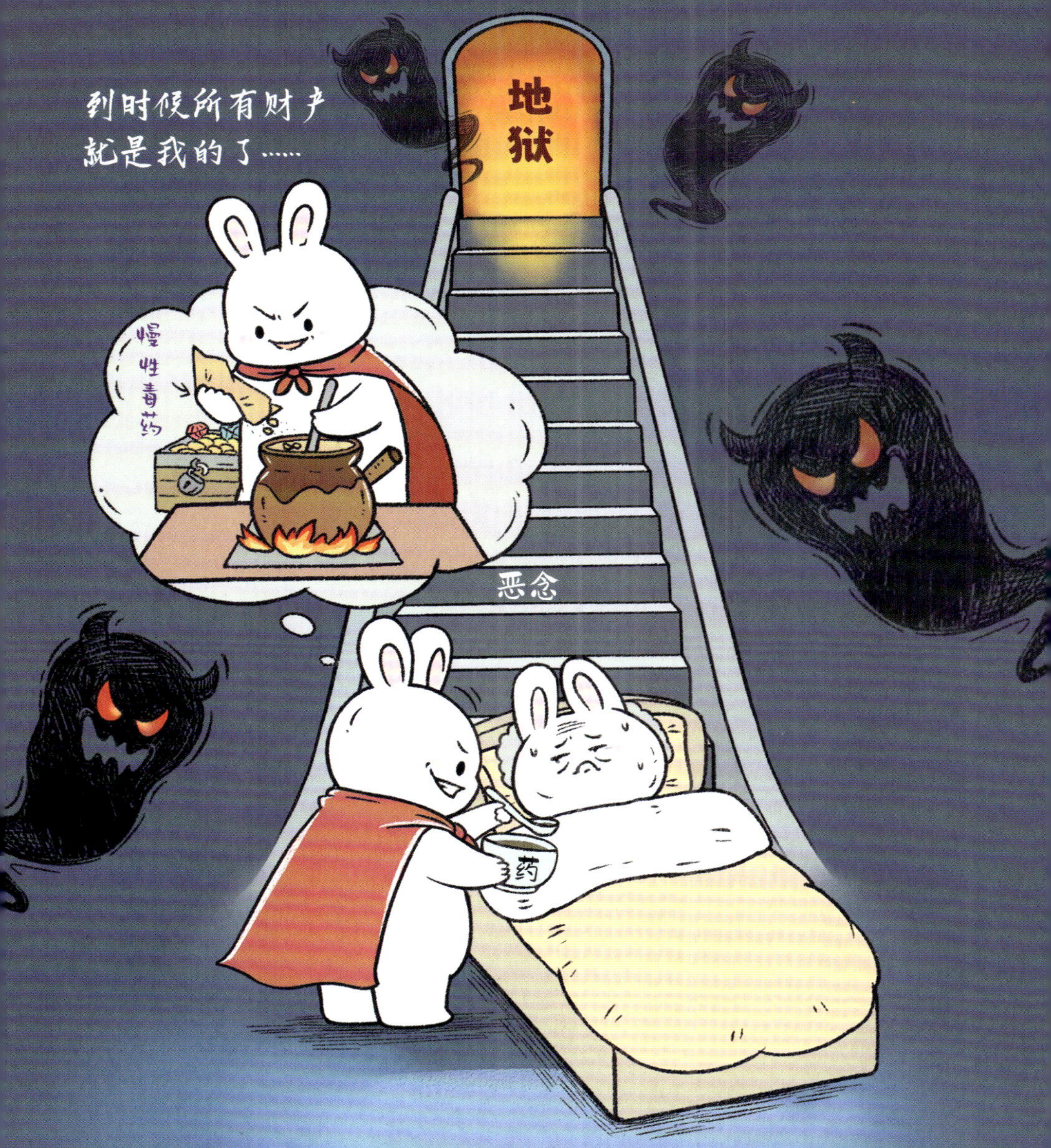

而心灵隐秘的恶意，将会带你的灵魂堕落地狱。而且，恶意是极其狡猾的，它会编造出无数冠冕堂皇的理由，维护“恶”企图的正当性。

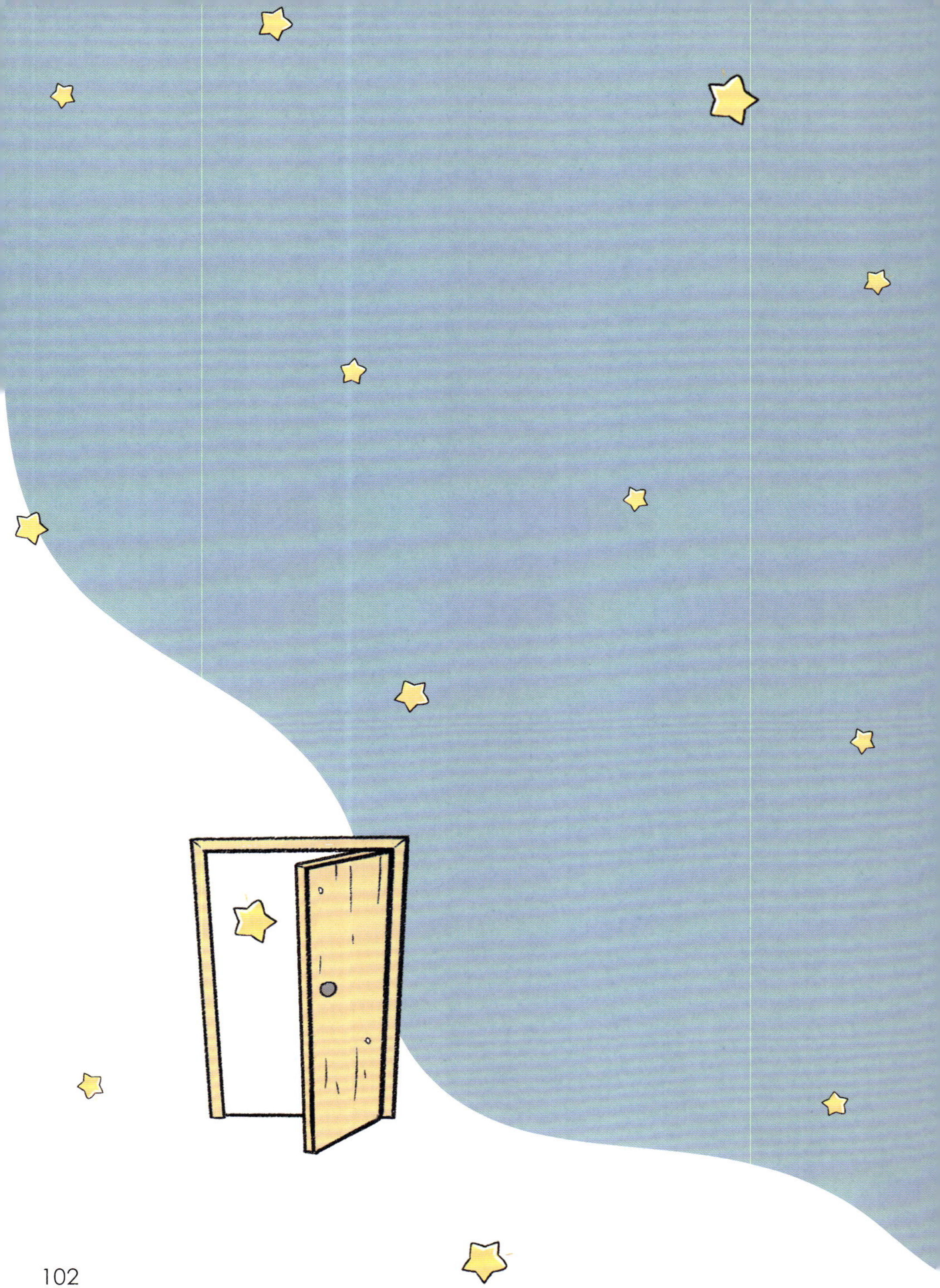

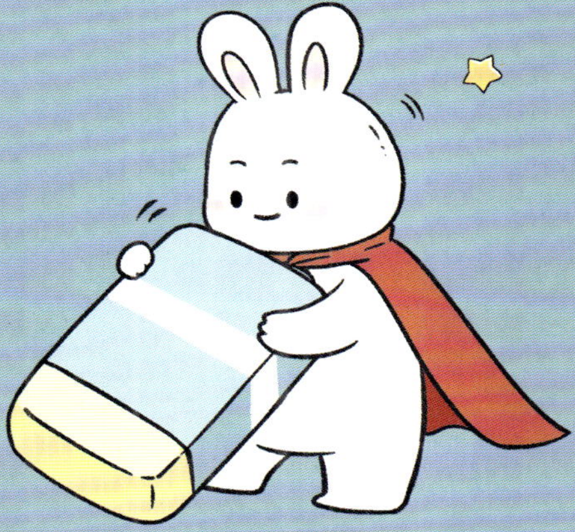

放下，释怀吧

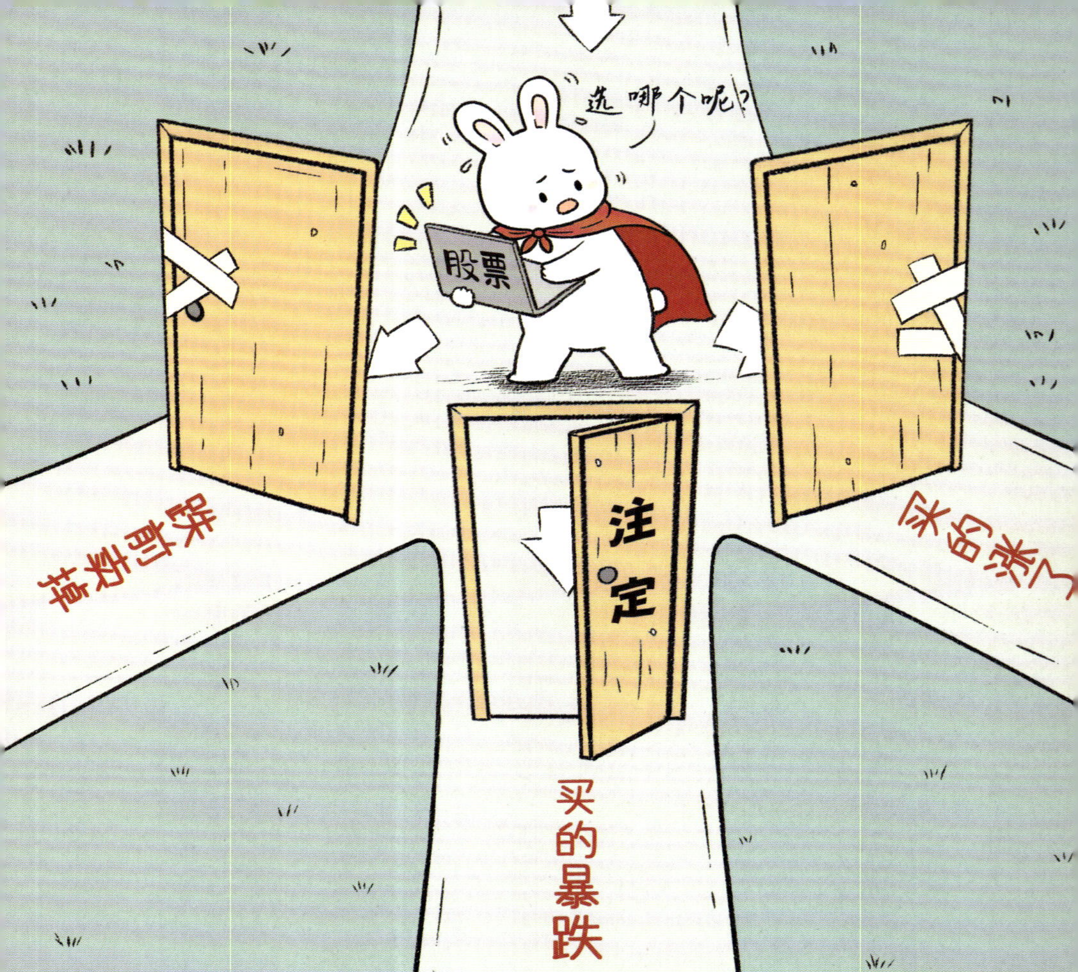

一生之中，我们难免会遭遇到，
很多令人恐怖痛苦，煎熬绝望的事情。
这些事情，发生就发生了，不要自责。
“一切所发生的，一定是能发生的。”
能够发生的，是注定发生的。
“发生”真的是因缘和合的现象。
缺少任何一个条件，缺失任何一个环节，
发生就无法“发生”。

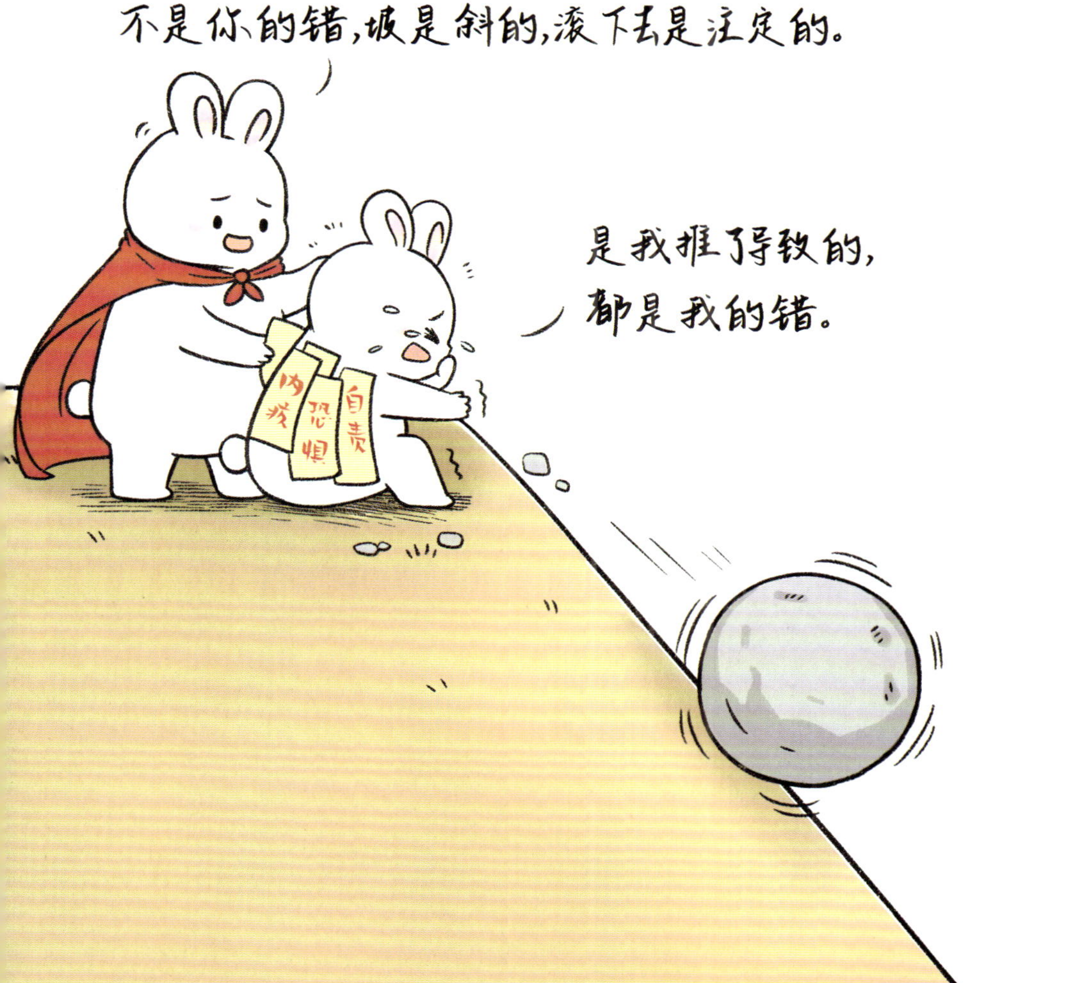

宽恕自己在发生之中，不由自主的“心”吧。
觉得好像是自己的意愿，推动了发生。
因此内疚，恐惧，自责不已。
其实这不是你的过错。

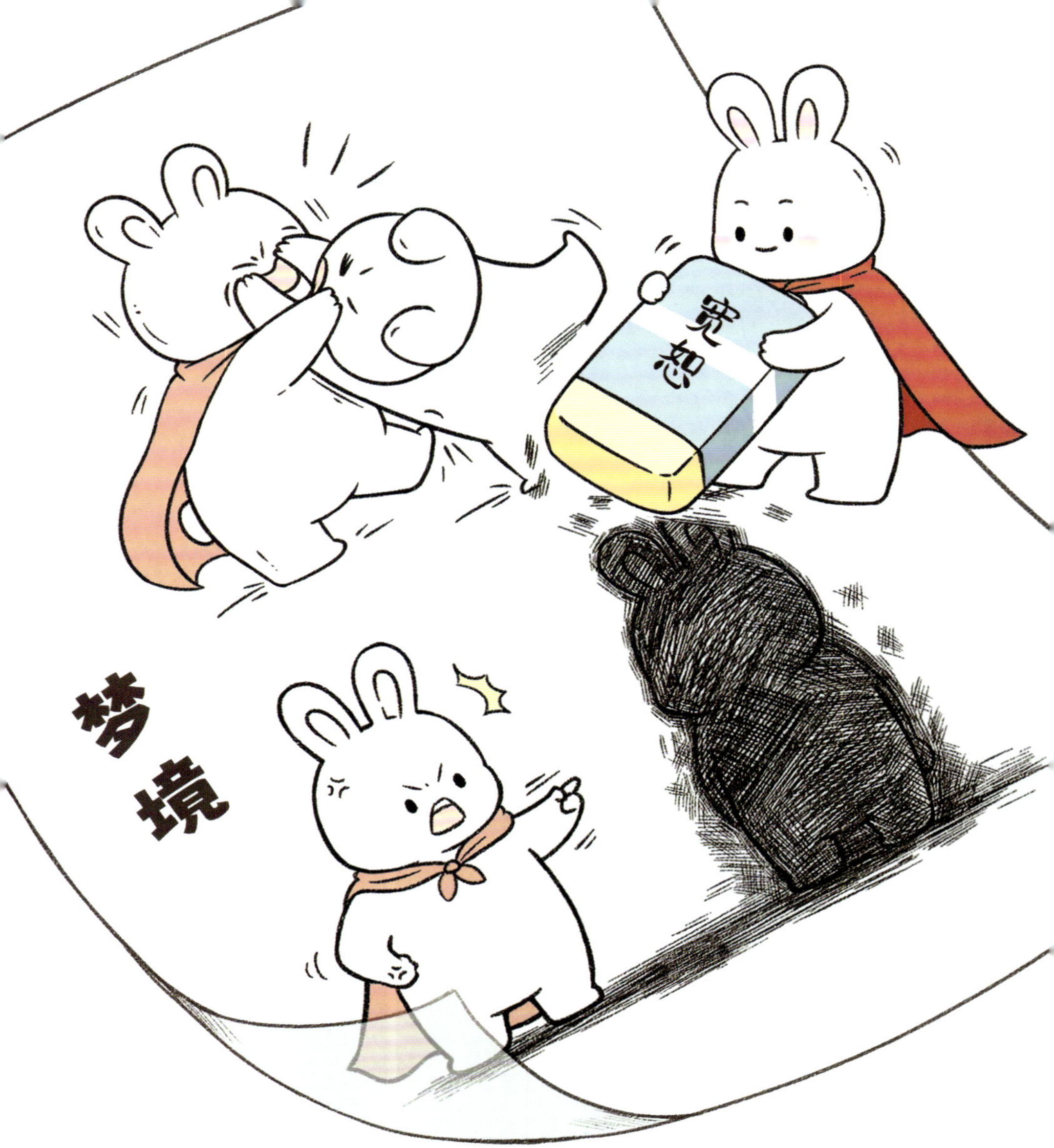

宽恕你眼前看到的一切。宽恕你意识理解的概念。
宽恕你心愿企图的动机。
没有人，对你作出过什么。你的记忆，只是错觉。
你自己，也从未做任何事。自我认知，是在梦里。

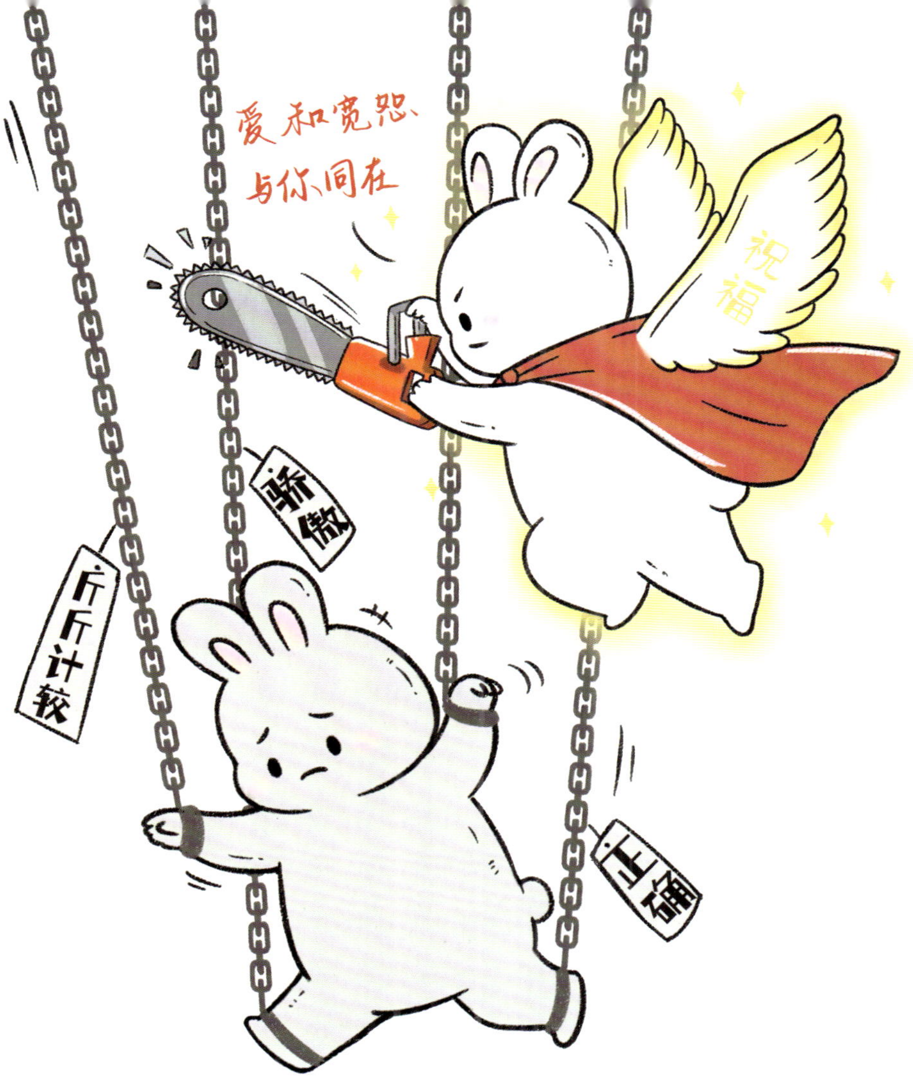

宽恕是没有自我的。宽恕是生命本身的体验。宽恕是带着光明的祝福。

让宽恕成为你，不要让正确成为你；让宽恕成为你，不要让骄傲成为你；让宽恕的温暖成为你，不要让内心的这种自我的斤斤计较，成为你。

真正的宽恕是，
究竟的原谅之后的放弃。
宽恕的起点，一定是原谅。

作者简介

东方圣光
Oriental Holy Light

成立于 2023 年，是于香港政府注册的非牟利慈善团体及服务机构。本会宗旨是为促进教育，以造福香港社会，通过出版印刷书籍，及举办不同身心灵活动，以提升市民大众及儿童对身心灵的认识与学习。主力帮助生活压力大、内心无力、经常焦虑恐惧痛苦、受过重创、内心迷茫、找不到人生意义的人群，安抚情绪，滋养心灵，促进亲子关系、家庭和谐，并协助治愈罹患“抑郁症”“自闭症”等心灵感冒的人群，康复治愈陷入“心灵孤岛”的大众。藉着身心灵文化的传播，致力在人们心中播下阳光、温暖、爱与光明的正向种子，积极培育大众及下一代。

联络我们

LINE

WhatsApp

认识东方圣光

YouTube Music

Facebook

YouTube

Spotify

你只是愛 愛之中 一無所缺（簡體版）

作　　者　東方聖光　　　　　作　　者　周夢蕾

出　　版：超媒體出版有限公司
地　　址：荃灣柴灣角街34-36號萬達來工業中心21樓2室
出版計劃查詢：(852)3596 4296
電郵：info@easy-publish.org
網址：http://www.easy-publish.org
香港總經銷：聯合新零售（香港）有限公司

設計編排　商鼎數位出版有限公司
電話：886-2-2228-9070
官網：https://www.scbooks.com.tw/#/index
客服信箱：scbkservice@gmail.com

出版日期　2025年3月
圖書分類　圖文／插畫書
國際書號　978-988-8890-64-4
定　　價　HK$288

Printed and Published in Hong Kong